D1688233

Dem Andenken meines Vaters Karl Theodor Löffler

Geliebtes Bamberg

Thomas Löffler

Im Selbstverlag des Autors
Copyright © 1984
1. Auflage 1.–4. Tausend
Herstellung: Heinz Larisch
Layoutgestaltung: Eva Besirske
Satz: Fotosatz Blum GmbH · München
Druck: G. Peschke Druckerei GmbH · München
Buchbinderei: Conzella Verlagsbuchbinderei · München
ISBN 3-924832-00-5

Geliebtes Bamberg

Künstlerische Streifzüge durch eine alte Stadt

Aquarelle und Zeichnungen von Anna Löffler-Winkler
(1890–1967)

Begleitender Text von Thomas Th. Löffler

Geleitwort

Es ist eine großartige Idee Thomas Th. Löfflers, einen Teil des Lebenswerks seiner Mutter Anna – Gemälde und Zeichnungen aus fast fünf Jahrzehnten – der Nachwelt in diesem außergewöhnlichen Bildband zu vermachen.

Dieses Buch unterscheidet sich in vielem von anderen Werken dieses Genres: Die Bilder und Zeichnungen sind nicht im Hinblick auf zusammenhängende Veröffentlichung entstanden und der Text ist nicht bildsynchron, er führt ein Eigenleben in enger Anlehnung ohne Abhängigkeit.

Bilder voll zarter Intensität fügen sich zu einem einzigen großen Rundgang zusammen, gemalt von einer Künstlerin, die Bamberg liebte, kombiniert mit einem Text, dessen Phantasiereichtum nie ins Phantastische abgleitet. Welch ungewöhnliche Idee, dem Betrachter, dem Zuschauer die Figur des Kapellmeisters Johannes Kreisler, Lieblingsgestalt E.T.A. Hoffmanns, gegenüberzustellen.

„Anna Löffler-Winkler empfand es als Geschenk, in dieser Stadt leben zu dürfen", schreibt ihr Sohn in seinem Vorwort. Der geneigte Leser und Betrachter wird es als ein Geschenk empfinden, das Bamberg-Werk dieser Künstlerin erstmals in einem Bildband vereinigt in die Hand zu bekommen, erstmals farbige Reproduktionen der Aquarelle in solcher Dichte sehen zu können.

Mein herzlicher Dank gilt Herrn Thomas Th. Löffler, der das Werk seiner Mutter für uns, für die Bamberger Bürger und die Bamberg-Freunde, so gekonnt und liebevoll aufbereitete und der Künstlerin ein unvergleichliches Andenken setzte.

Möge dieses so ungewöhnliche „Bilderbuch" im besten Sinne des Wortes jetzt und in Zukunft vielen Generationen unsere schöne Stadt eindrucksvoll präsentieren.

Bamberg, 12.7.1984

(Paul Röhner)
Oberbürgermeister der Stadt Bamberg

Vorwort

Die Malerin Anna Löffler-Winkler wurde am 16. Mai 1890 als Kind deutscher Eltern in St. Petersburg, dem heutigen Leningrad, geboren. Seit 1919 häufig in Bamberg zu Gast, lebte sie hier von 1930 bis zu ihrem Tod am 9. Januar 1967. In der Jugend in Rußland, später in München künstlerisch ausgebildet, erreichte sie in Bamberg ihren unverkennbaren Stil als Porträtistin, Landschaftsmalerin und Illustratorin. Vorerst letzte, posthume Anerkennung ihres Schaffens bildete 1970 eine große, zusammenfassende Ausstellung in der hiesigen Neuen Residenz.

Seither ist viel Zeit verstrichen. Immer wieder verlautete der Wunsch, Teile ihres Lebenswerks irgendwie zugänglich zu machen und vor dem Vergessenwerden zu bewahren.

Bamberg ist als eine der schönsten deutschen Städte mehr und mehr ins Bewußtsein der Weltöffentlichkeit gerückt. Längst ist diese Stadt kein „Geheimtip" mehr. Die Zahl ihrer begeisterten Besucher wächst alljährlich, vor allem auch derer, die immer wieder kommen, und die immer wieder neue Freunde mitbringen. Und so mancher von ihnen möchte gerne hier bleiben. Das heutzutage viel strapazierte Wort von der „Lebensqualität" trifft nämlich in großem Ausmaß auf Bamberg zu.

Nicht zuletzt der Ausbau der Hochschule zur wiedererrichteten Universität hat es mit sich gebracht, daß Bamberg zu einer Stadt der Jugend wurde. Einer Jugend, die sich mehr als je zuvor in alten Mauern zuhause fühlt, für die geschichtsträchtige Vergangenheit nichts verstaubt-museales an sich hat, sondern der sie zum bevorzugten Freiraum für neues und verantwortungsvolles Lebensgefühl geworden ist. Die Gefahr einer Überalterung durch die Abwanderung der zahlreichen Abiturienten und den alleinigen Zuzug von Pensionisten ist somit schon seit langem gebannt. Die Zeiten haben sich grundlegend geändert, so etwas wie ein neues „Bamberg-Gefühl" ist mittlerweile entstanden.

Inmitten der werktätigen Urbevölkerung hatte früher nur eine gewisse Minderheit derartige Empfindungen. Vornehmlich waren es Künstler und Geistesarbeiter, die sich hier besonders wohlfühlten. Unterstützt von Kreisen des Bürgertums, denen sie die Augen öffnen durften, einer kleinen Gesellschaft, die seit Beginn des vorigen Jahrhunderts allmählich die mäzenatische Aufgabe vergangener klerikaler Feudalherren übernommen hatte, und denen es Bamberg verdankt, als Gesamtkunstwerk überlebt zu haben. Heute, wo die meisten Normen auch dieser Epoche der Vergangenheit angehören, wo gewisse Kehrseiten der Demokratisierung andernorts ein erschreckendes Bild individueller Verarmung zeigen, nur unterbrochen von staatlich angeordneten Inseln der Musealität oder irgendwelchen gigantischen Kulturprojekten, denen Sinnlosigkeit schon vor der Fertigstellung anhaftet, bildet Bamberg eine durchaus erfreuliche Ausnahmeerscheinung. Gewiß ging auch hier diese Phase nicht spurlos vorüber, sind auch hier umstrittene Projekte noch nicht integriert. Bamberg ist auf alle Fälle kein Museum mit Einwohnern geworden.

Aber die Bamberger selbst haben in ihrer Mehrheit inzwischen die Schönheiten ihrer Stadt entdeckt und wissen sie zu schätzen. Manches, vor wenigen Jahren in den Augen der meisten nur das Anliegen einiger „Spinner", ist heute von allgemeinem Interesse: Die Zahl der Bausünden nimmt erfreulich ab, stilgemäße Restaurierung von Altbauten, auf die man inzwischen stolz geworden ist, wird immer mehr zur Regel. Das Verhältnis zwischen „Modernisten" und solchen, die ein Erhalten jedes alten Steines um jeden Preis verteidigen, ist diskutabel geworden. Einzelheiten der Stadtplanung, selbst Details über Restaurierungspläne und vieles andere, werden in ihrem Für und Wider quer durch alle Schichten der Bevölkerung leidenschaftlich diskutiert. Voreilige Entschlüsse sind damit erschwert, Unwiederbringliches hat wieder mehr Chancen, der Nachwelt erhalten zu bleiben. Das ist die Art mündiger Bürger, die endlich erkannt haben, in welcher Stadt sie leben, und die nirgendwo anders als hier leben und sich wohl fühlen möchten.

Um ein solcher Bamberger zu werden, braucht man nicht unbedingt hier geboren zu sein. Aber man muß diese Stadt annehmen und in sein Herz schließen. Und je mehr man von der übrigen Welt gesehen hat, desto leichter müßte das einem schließlich fallen.

Anna Löffler-Winkler, der Generation von Künstlern zwischen und nach den beiden Weltkriegen zugehörig, denen Bamberg eine echte Heimat wurde – Wegbereitern des neuen Bamberg-Gefühls –, empfand es als ein Geschenk, in dieser Stadt leben zu dürfen. Bei Durchsicht ihres Werkes fand sich eine wachsende Fülle von Arbeiten, die eine gesonderte Zusammenstellung unter bambergischen Gesichtspunkten nicht nur ermöglicht, sondern geradezu herausfordert. Denn ohne diese Publikation wäre ein Großteil der darin enthaltenen Zeichnungen weitgehend unzugänglich. Die Aquarelle, eine unter Kennern vielbegehrte Spezialität der Künstlerin, werden hier erstmals in farbigen Reproduktionen vorgestellt. Da sie sich ausnahmslos in Privatbesitz befinden, ist das nur dem freundlichen Entgegenkommen der Eigentümer zu danken, die damit ganz erheblich zum Gelingen des Projekts beigetragen haben.

Weil die Bilder und Zeichnungen, zumindest überwiegend, nicht im Hinblick auf zusammenhängende Veröffentlichung entstanden sind, unterscheidet sich dieses Buch grundsätzlich von Werken ähnlicher Art. Außerdem liegt es in der Natur seiner Entstehung, in gewisser Weise fragmentarisch bleiben zu müssen: Eine Reihe von Sehenswürdigkeiten, die in keinem Bamberger Bildband fehlen dürften, sind nicht vertreten. Teils, weil es trotz großer Bemühungen bis dato nicht gelungen war, den Verbleib einiger Bilder zu ermitteln, teils, weil der Tod die Künstlerin an der Ausführung weiterer Pläne gehindert hat …

Die hier gezeigten Arbeiten sind in einem Zeitraum von über sechsundvierzig Jahren entstanden. In diesen anderthalb Generationen hatte sich durch Kriegs- und Nachkriegseinwirkungen das Angesicht der Stadt, in gewisser Weise auch Technik und Handschrift Anna Löffler-Winklers gewandelt. Gleichgeblieben war sich aber die Art und Weise, mit welcher alle Bilder prinzipiell „vor Ort" und ohne Zuhilfenahme von Photographien zustandekamen: Ihnen sind zahllose Streifzüge im Laufe eines langen Lebens vorausgegangen. In diesem Buch sind sie zu einem einzigen, großen Rundgang zusammengefaßt.

um 1960

um 1930

Als besonders reizvoll ergab sich so die Möglichkeit, neben detailliert ausgeführte Zeichnungen der frühen Jahre sparsam hingesetzte Skizzen des Spätstils stellen zu können. Was tut's, wenn dieser Rundgang in der Wirklichkeit nur noch annähernd nachvollzogen werden kann, weil der eine oder andere Blick inzwischen verbaut, ein oder ein anderes Stück altes Bamberg leider heute schon der Vergangenheit angehört! Käufer des Buches, die sich einen aktuellen Führer durch die Altstadt versprochen haben, mögen dennoch nicht enttäuscht sein.

Würde ein Begleittext mit entsprechenden Hinweisen dabei die nützliche Aufgabe eines roten Fadens erfüllen können? Mir, dem Sohn der Künstlerin, hier in Bamberg mit ihrem Werk aufgewachsen und mit der Stadtgeschichte vertraut, sollte es nicht allzu schwer fallen ihn zu verfassen, dachte ich und machte mich auch daran. Leider muß ich zugeben, daß dieser erste Versuch ziemlich langweilig ausgefallen ist. Er beschränkte sich im wesentlichen auf das Abschreiben von Fakten, die mittlerweile jedermann in ausgezeichneten Veröffentlichungen zugänglich sind. So hielt ich lieber Ausschau nach einer Begleitperson für diesen Rundgang, einer möglichst zeitlosen Figur, der die Zeitsprünge zwischen den Bildern nichts ausmachen würden. Versuche mit dem hiesigenorts schon arg ausgeschlachteten und vermarkteten Domreiter zeigten sich als völlig verfehlt: Von den Jahrhunderten, die an ihm vorübergerauscht waren, hatte er keine Ahnung, zudem wollte er weiterhin anonym bleiben. Nicht viel besser ging es mir mit dem „Gabelmann". Der steht zwar seit Jahren inmitten der Jugend, doch erwies er sich als reichlich „ungehobelt" und war für meinen Rundgang höchstens als Ausgangspunkt verwendbar. Als ich schon beinahe resigniert aufgeben wollte, tauchte neben ihm immer wieder eine wesentlich distinguiertere Gestalt auf, die recht geistreiche Bemerkungen machte. Sie behauptete, hier tatsächlich einige Jahre gelebt zu haben und nicht nur herumgestanden zu sein. Schließlich entpuppte sie sich als der romantische Dichter und Musiker E.T.A. Hoffmann, wollte aber partout unter dem Pseudonym „Johannes Kreisler" angesprochen werden.

Warum eigentlich sollte ich nicht ihm die Aufgabe eines Begleiters durch die vielen Zeichnungen und Bilder meiner Mutter überlassen?
Ich begann ernstlich darüber nachzudenken: Die Zeit Hoffmanns in Bamberg fällt mit dem größten Einschnitt in der Geschichte dieser Stadt zusammen. Damals hatte sich der Übergang vom Hochstift mit seiner barocken, im Prinzip noch mittelalterlichen Struktur zu einer bürgerlich bayerischen Provinzstadt gerade erst vollzogen. Die alte Zeit war zu Ende, aber die neue, die später so viel Nutzen aus der alten ziehen sollte, hatte noch nicht angefangen und in diesem Zwischenstadium konnte die Romantik ihre Flügel entfalten. Immer deutlicher spürte ich, wie Kreisler alias Hoffmann in dieser Stadt, die ihn so viel Not und Finsternis hatte fühlen lassen, ein Stückchen seines Geistes zurückgelassen haben mußte, und daß er hier seitdem immer wieder einmal präsent ist, ob das die Leute nun wahrhaben wollen oder nicht.

Seit Kreisler sich ins Spiel gebracht hatte, fing der Text sofort an, ein unorthodoxes Eigenleben anzunehmen. Anstatt brav jedes Bildmotiv zu kommentieren, durchwucherte er etwas sarkastisch meinen anfänglich so schön geordneten Rundgang. Dauernd schweifte er ab, Offensichtliches überging er, und über anderes, auf keinem Bild sichtbar, begann er auf seine altertümliche Art krauses Zeug zu faseln. Doch gab das gewisse Denkanstöße, holte alte Erinnerungen hervor und enthielt mancherlei amüsante und wissenswerte Einzelheit aus vergangenen Tagen.

Allerdings ergab sich immer mehr die Notwendigkeit, am Ende des Buches Erläuterungen zu den speziell hoffmannesken beziehungsweise bambergischen Details zu bringen, deren Kenntnis nur bei wenigen Lesern vorausgesetzt werden kann. Nachdem ich mich auch dazu durchgerungen hatte, wußte ich endlich, daß Hoffmann-Kreisler mit seinem ungezwungen zwischen die Bildseiten eingestreuten Geplauder doch der richtige Begleiter geworden war und was ihn, den Dichter der Nacht, mit der heilen Welt des Tages in den Arbeiten meiner Mutter verbindet: Es ist die Phantasie, die uns hier wie da zum Träumen bringt.

Gewiß ist es kein Zufall, daß ein „skurriler Spinner", als welcher Hoffmann auch heute noch bei vielen Menschen gilt, zum bedeutendsten phantastischen Dichter der Weltliteratur wurde und daß er den entscheidenden Anstoß dazu gerade hier bekam. Bamberg hatte seine Phantasie angeregt, die Phantasie, der er zeitlebens verfallen war, die ihn unsterblich machte und die wir heute mehr denn je brauchen. Einer seelenlosen und immer perfekteren Illusionsmaschinerie sollten wir wieder diese Kraft entgegensetzen. Im Kunstwerk schafft sie ein individuelles Konzentrat, im Beschauer, Leser oder Hörer kann sie dieses – wiederum höchst individuell – mit neuem Leben ausfüllen. Und auf der Vielfalt aller dabei sich ergebenden Möglichkeiten beruht mit Sicherheit die Stärke, der Reichtum jeder Art von Kunst. Wenn auch von den folgenden Seiten ein paar ähnliche Impulse ausgingen, hätte sich der vorliegende Versuch gelohnt!

Ostern 1984   Thomas Th. Löffler

Erläuterungen zum Begleittext und Bildkommentare im Anhang Seite 88.

Die Turmuhr schlägt vernehmlich elf, du zuckst zusammen und wachst auf. Im ersten Moment weißt du nicht so recht, wo du eigentlich bist. Hat dir nicht eben jemand von hinten auf die Schulter geklopft?

»Verehrtester«, ertönt eine merkwürdige Stimme, »Verehrtester, gestatten mir als Kenner der Materie Ihnen ‚un pochissimo' assistieren zu dürfen? Ein Streifzug durch Bamberg, zusammen mit mir, hat noch keinen gereut!«

Mit Recht bist du ziemlich verärgert, schließlich hast du dir soeben dieses Bambergbuch gekauft. Du hältst es in der Hand, willst es betrachten, nichts als betrachten, und da kommt einer daher und drängt sich dir auf. Eigentlich eine Unverschämtheit . . .

Du willst sagen: »Bitte lassen Sie mich in Ruhe . . .«, aber er kommt dir schon zuvor, ein kleines Männchen, seltsam, fast biedermeierlich gekleidet: »Das wollen sie alle, in Ruhe gelassen werden. Und am Ende will's keiner gewesen sein . . . .«

Durch derlei Ungereimtheit noch mehr aufgebracht, willst du schon das Buch zuklappen und stehst auf von der kühlen Steinplatte, wo du vorhin anscheinend eingenickt warst.

»Aber ganz wie Euer Liebden wollen«, sagt er, »ganz wie Euer Liebden wünschen. Blättern Sie nur um, Sie werden sehen ...!«

Mechanisch fast hast du die Seite gewendet und ... nanu, was ist denn hier geschehen, da soll doch ... wo eben noch lauter Häuser gestanden sind, ziehen auf einmal frühsommerliche Wolken über einen blauen Himmel. Darunter ragen die vier Türme des Doms und ganz andere, fast schemenartige Gestalten bewegen sich vor dir. Seltsam schwindelig wird dir zumute und du hast ein Gefühl in der Magengrube wie beim Fahren auf der Achterbahn. Zumindest der Gabelmannbrunnen ist noch da, wo er vorher auch schon gestanden war. Du gehst, schwankend, ein paar Schritte um ihn herum und erkennst dort, ordentlich erleichtert, endlich wieder das eigenartige Männchen von vorhin. »Hallo, Sie!«, rufst du verzweifelt, doch der Mensch reagiert nicht und macht Anstalten weiterzugehen. Schließlich hast du ihn erreicht und hältst ihn am Ärmel fest. Er wendet sich dir zu.

»Ei ei, Euer Ehren! Wollten ohne mich zurechtkommen, also bitte!«, spricht er, macht eine ausladende Armbewegung, und erst auf deinen hilflos flehentlichen Blick entspannen sich seine Züge zu einem ironisch-freundlichen Lächeln.

»Sollten Sie sich's am Ende anders überlegt haben? Auch gut.« Und, seiner Wirkung sicher, läßt er eine altväterische Verneigung folgen. »Gestatten Sie vors erste, uns zu recommandieren: Kreisler, Kapellmeister im Ruhestand, Litterat aus Passion, in der Malkunst auch ein weniges bewandert, in der Jurisprudenz gänzlich ausgebildet. Am liebsten titulieren wir uns als einen reisenden Enthusiasten; das mag für diesen Casus vollauf genügen. Haben ein paar Jahre hier gelebt, ist allerdings etliche Zeit her. Haben seither ein etwas gestörtes Verhältnis zur vierten Dimension. Mit der Zeit ist das nämlich so eine labile Sache geworden, besonders hier in Bamberg ... Da merken die Leute doch immer erst viel später ... .«.

Das Männchen will lachen, hustet, und verschluckt sich dabei. »Lassen wir das.« »Hoffmann? Aber das darf ja nicht wahr sein!«, denkst du vielleicht, falls du mit romantischer Literatur vertraut bist. »Bleiben wir lieber bei Kreisler; irgendwie ist es origineller, verstehen Sie, spiritueller! Schöpfer und Geschöpf in einem. Das wäre denn doch endlich mal wieder etwas Erstrebenswertes für ein geistiges Wesen, wenn es von Zeit zu Zeit sein Unwesen treiben möchte ... Denn mit der Identität ist das so eine Sache ... Wer weiß denn nach einiger Zeit überhaupt noch mit Sicherheit zu sagen, wer und was er früher einmal gewesen ist? Ach, kommen Sie, mein Bester, machen wir einen Rundgang nach meiner Art!«

Ohne deine Reaktion lange abzuwarten, faßt er dich am Arm und schiebt dich über den Obstmarkt. Nach so viel Wirrnis bist du wahrscheinlich froh, dich in Bewegung setzen zu können.

Dir wird jetzt erst so recht klar, daß du dich am neuralgischen Punkt, im eigentlichen Zentrum Bambergs befindest, dort, wo der Krieg die empfindlichsten Spuren hinterließ. Du erfährst, wie verwinkelt und zugebaut hier früher die alte Stadt gewesen ist, daß die Renaissancefassade der ‚Alten Maut' zwar der Zerstörung getrotzt, daß man sie bald darauf aber eingerissen habe. »Weil's billiger kam als ein paar Stützbalken!«, fügt das Männchen sarkastisch hinzu und kichert: »Wohl eine der Folgen des dünnen Bieres dazumal! Aber schauen Sie, mein Werthester: dort baut man schon wieder!«

Ein kleines Rieseln durchläuft dich; es muß inzwischen eine Zeitspanne verflossen sein, denn da stehen Gerüste und auf einem der Dächer hat's vor kurzem Richtfest gegeben. »Richtig geraten, das wird originale Nachkriegsarchitektur! Und wie's zu Ihrer Zeit da ausschaut, dürften Sie wohl selbst wissen!«

Du weißt es, und willst schnurstracks in der Mitte die Obere Brücke überqueren. Dein Begleiter reißt dich gerade noch rechtzeitig auf die Seite, bevor dich ein herankommendes Vehikel empfindlich gestreift hätte. Natürlich, hier gab's ja noch unbeschränkten Autoverkehr! Bevor du verfrüht die Gegenwart herbeisehnen kannst, bist du aber schon wieder um einiges weiter in die ‚gute alte Zeit' zurückgerutscht. Da sind sogar noch Straßenbahnschienen! Recht verrostet zwar und sicher lange außer Gebrauch. Dein Begleiter versetzt dich flugs mal hier-, mal dorthin, durch Raum und Zeit. Du läßt es dir nur allzu gerne gefallen.

Das Alte Rathaus fast wie heute, die Fresken aber recht vergammelt, das Rottmeisterhäuschen verputzt. Aus einem Fenster zeigt er dir den Blick auf die Fronleichnamsprozession.

»Beeindruckt mich zutiefst seit 175 Jahren, bin damals sogar mitgegangen; habe auch im Chor gesungen und gelegentlich eine Messe und etliches mehr zu der hiesigen Kirchenmusik beigesteuert. Eigentlich bin ich natürlich ein aufgeklärter Protestant!«, fügt er etwas verschämt hinzu. Und, auf deinen erstaunten Blick: »A was, hier muß das einfach so bleiben, ob Sie mich nun verstehen oder nicht. Basta!«
Schneller als dir lieb, hat er dich mit einemmal übers Wasser versetzt und läßt dich, vorbei an klappernden Mühlrädern,

über rumplige Bohlen gehen, wobei er seltsame Sprünge vollführt und vor- und zurückhüpft. »Diatonische Melodien«, murmelt er, »diatonische Melodien sind nun einmal das Rückgrat jeder Musik! Pardonnieren Sie mir dieses kindische Betragen«, reagiert er auf deinen verständnislosen Blick, »aber ich kann es nun einmal nicht lassen, mir auf dieser grandiosen Ochsenklaviatur eine bescheidene Inspiration zu holen!«

Hinter der Brudermühle, dem ehemaligen Wasserwerk, kommt ihr ans feste Land, und er läßt dich die großartige Himmelfahrt Mariens bestaunen. »Phantastisch, nicht wahr? Bewegung, Kraft und Grazie in einem! Man weiß das endlich wieder gebührend zu schätzen!« Ein Blick auf die Gegenwart gibt ihm recht.

Nun zieht er dich in die enge Dominikanergasse. Vor einem Portal an der Biegung bleibt er stehen und lauscht. Du willst gerade denken: »Aha, Beethovens ‚Fünfte', nicht umzubringen!«, doch da kommt er dir, fast wütend, schon wieder zuvor. »Allerdings, mein Bester! Und das werden sie noch genauso oft spielen, wenn von Ihnen kein Knochen mehr übrig sein wird und kein Funken Erinnerung an dero Existenz! Merken Sie sich das, Sie Banause! Ich habe das Werk von Anfang an erkannt und als einer der ersten rezensiert. Und dieser herrliche Raum dazu! Zu meiner Zeit, Gott sei's geklagt, zur Rumpelkammer degradiert, zum Pferdestall sogar! Lauschen Sie, gehen Sie hinein!« Und, wieder etwas freundlicher: »Um diese Zeit pflege ich stets ein Glas zu mir zu nehmen. Sie finden mich nebenan; meine Verehrung, Theuerster!« Weg ist er, während du, in die Kühle des Kirchenschiffs versetzt, dem Spiel der Bamberger Symphoniker zuhören darfst.

...Die Musik schließt dem Menschen ein unbekanntes Reich auf, eine Welt, die nichts gemein hat mit der äußeren Sinnenwelt, die ihn umgiebt, und in der er alle durch Begriffe bestimmbaren Gefühle zurückläßt, um sich dem Unaussprechlichen hinzugeben ... Haydn und Mozart, die Schöpfer der neuern Instrumental-Musik, zeigten uns zuerst die Kunst in ihrer vollen Glorie; wer sie da mit voller Liebe anschaute und eindrang in ihr innigstes Wesen, ist Beethoven. Die Instrumental-Compositionen aller drey Meister athmen einen gleichen romantischen Geist ... Der Ausdruck eines kindlichen, heiteren Gemüths herrscht in Haydns Compositionen. Seine Symphonie führt uns in unabsehbare grüne Hayne, in ein lustiges, buntes Gewühl glücklicher Menschen ... In die Tiefen des Geisterreiches führt uns Mozart. Furcht umfängt uns: aber, ohne Marter, ist sie mehr Ahnung des Unendlichen. Liebe und Wehmut tönen in holden Stimmen, die Macht der Geisterwelt geht auf in hellem Purpurschimmer, und in unaussprechlicher Sehnsucht ziehen wir den Gestalten nach, die freundlich uns in ihre Reihen winken, im ewigen Sphärentanze durch die Wolken fliegen ... So öffnet uns auch Beethovens Instrumental-Musik das Reich des Ungeheueren und Unermeßlichen. Glühende Strahlen schießen durch dieses Reiches tiefe Nacht, und wir werden Riesenschatten gewahr, die auf- und abwogen, enger und enger uns einschließen, und alles in uns vernichten, nur nicht den Schmerz der unendlichen Sehnsucht, ... Tief im Gemüthe trägt Beethoven die Romantik der Musik, die er mit hoher Genialität und Besonnenheit in seinen Werken ausspricht. Lebhafter hat Rec. das nie gefühlt, als bey der vorliegenden Symphonie, die in einem bis zum Ende fortsteigenden Climax jene Romantik Beethovens mehr, als irgend ein anderes seiner Werke, entfaltet, und den Zuhörer unwiderstehlich fortreißt in das wundervolle Geisterreich des Unendlichen ...

Auszüge aus der Einleitung zu der von E.T.A. Hoffmann 1810 in Bamberg für die Leipziger „Allgemeine Musikalische Zeitung" geschriebenen Rezension von L. van Beethovens 5. Symphonie in c-moll.

Danach findest du dich im Hof wieder. Du stolperst auf die Straße, gehst ein paar Schritte, und, vom Durst getrieben, zieht es dich magnetisch in die alte Wirtsstube des Schlenkerla. Dort, neben dem Kachelofen, sitzt er wieder, dein seltsamer Begleiter. Er hat dir vorsorglich einen Leberkäs besorgt, alsbald steht ein Seidla Rauchbier da und du kannst dich delektieren.

»Habe mich zeitweilig auf Bier umgestellt. Damals tranken wir fast nur Weine aus dem Fränkischen, aber die Preise momentan! Irgendwie erinnert mich dieses Bier auch an meine polnischen Jahre.«

Er wischt sich den Mund und zieht eine altväterische Pfeife aus dem Überzieher, an der er genüßlich zu saugen beginnt. Und siehe da: aus dem Nichts scheinen sich Rauchringe zu bilden. »Konrektor Paulmanns guter, alter Sanitäts-Knaster«, schmunzelt er. »Ach, mein armes Dresden! Und Berlin ist auch schon lange nicht mehr das, was es einmal für mich gewesen ist!«

Einige verstohlene Tränen unterdrückend, wird er sachlich: »Würden der Herr ausnahmsweise die bescheidene Zeche selbst übernehmen können? Es macht solche Mühe, wissen Sie, preußische Münze von 1820 einzuwechseln. Die verweisen mich nämlich immer wieder in einen der zahlreichen Antiquitätenläden hier, und das dauert dann so lange…« Du zahlst natürlich gern.

Im Aufstehen empfiehlt er dir die Sandkerwa. »Ich werde langsam zu alt dafür, mein Freund. Vor dreißig Jahren, da war's noch eine exquisite und exotische Fantasterei für mich, vor allem der Albinger, der uns zu imitieren versuchte!« Er kichert in sich hinein. »Jetzt sind wir immerhin schon über zweihundert, mein Bester! Empfehle Ihnen aber angelegentlich durchaus einen Rundgang durch das ganze Sandviertel, nicht nur der zahlreichen Lokalitäten wegen.«

Über die Treppe am Katzenberg betrittst du schließlich den Domplatz. »Ein kleiner Scherz, habe wohl wieder die Zeiten um ein weniges durcheinander gebracht: Was hier mitten vor der Kathedrale in Bronce reitet, ist mitnichten der berühmte Domreiter! Nein, das ist der gute Luitpold, Oheim zweier königlicher Phantasten und seines Zeichens Prinzregent. Er steht jetzt – insofern ich Ihre Normalzeit schlicht als ‚jetzt' zu bezeichnen mich erdreisten darf – da, wo in meinen Tagen die Stadt aufhörte, am Schönleinsplatz sozusagen, und das noch gar nicht so lange. Sein Großvater, müssen Sie wissen, hatte, kurz vor meinen Bamberger Jahren erst, das Hochstift vereinnahmt und es damals – verständlich, verständlich! – mit dem Bonaparte gehalten.« Er lacht vergnügt. »So ist es nun einmal, mein Lieber: Erst hatten sie uns aus Preußisch-Polen vertrieben, die Franzosen, dann bekamen wir sie hier als ‚treue Freunde und Bundesgenossen' zur Einquartierung. Kaum war ich nach Dresden verzogen, da war's natürlich wieder der Erbfeind. Und bald danach hat sich der arme Berthier, fatalerweise noch Schwiegersohn des hiesigen Herzogs, da drüben um die Ecke aus dem Fenster gestürzt. Politik, mein Freund, hat mit Logik stets wenig gemein, und das wird leider auch noch ein Weilchen so bleiben müssen....

Halten wir uns lieber an die Zeiten des Krummstabs: da war die Welt, zumindest nach außen hin, für die guten Leute noch in schönster Ordnung. Da besaßen sie in Hülle und Fülle die Kunst, die Eueren Zeiten so mangelt, und konnten am Ende gar nicht mehr viel anfangen mit ihr. Etliche Kirchen hatten sie gerade erst eingerissen, als ich hier ankam. Modern wollten sie damals auch schon sein, auf Geheiß des Herrn Ministers Montgelas. Je nun, die Bamberger haben es verschmerzt, 's ist lang genug her! Auf die Art kamen sie wenigstens zu ein paar größeren Plätzen. Denn wo gar so viele schöpferische Kräfte aufeinander gefolgt waren, mußte es ja einigermaßen eng geworden sein in den alten Mauern...«

Er schweigt eine Weile, in Betrachtung des Domplatzes versunken. »Jahrhunderte sind da in Stein versammelt, haben sich ineinander verschachtelt und übereinander geschichtet. Förmlich fühlen konnte man, wie sich das schob und wie es wucherte! Sehen Sie, da drüben ging's aus, was einzig Steine in Bewegung bringen kann: das Geld. Noch ragen die Quader heraus, in Erwartung des Weiterbaues sind sie erstarrt. So können Fragmente weit mehr aussagen, als konsequent zum End' geführte Pläne. Man sieht wie's war, und wie es werden sollte; die Phantasie kann's completieren. Wo Schönheit gegen Schönheit kämpft und Jugend gegen Alter, da darf es keine Sieger geben! Das Gute mag dem Schön'ren weichen, doch nie dem plumpen Zweck! Das geht mir nun mal ‚contre cœur', mein Herr!

Zu meiner Zeit war übrigens das Innere des Domes fast zur Gänze überwuchert. Des Guten zuviel! So hat man's halt wieder purifiziert, um dem mittelalterlichen Styl mehr Effizienz zu verschaffen.

Doch nun, schätz' ich, wird's an der Zeit, daß Ihr das alles en detail beseht! Getrost dürft Ihr Euch dabei auf die vortrefflichen Prospekte und Fremdenführer verlassen, die allenthalben feilgeboten werden, und auf meinen Galimathias könnt Ihr gewiß verzichten. Mag sein, daß wir uns nachher bei einem anständigen Caffee im Rosengarten wieder treffen. Sehen Sie: diese Occasion zum Beispiel bekam zu meiner Zeit auch nur, wer bei Hofe introduciert war. Einige Male hatte ich die Ehre ...

So manches hat sich hier seitdem verändert, und vieles zum offensichtlichen Vorteil, das muß ich zugeben. Nur eines nicht: An eure vielen, äußerst lästigen Benzinkutschen, mit ihrem infernalischen Lärm und diesem ekelhaften Gestank, werde ich mich nie und nimmer gewöhnen! Für heute versuche ich, sie Ihnen fernzuhalten. Glauben Sie mir, im gleichen Atemzuge, wo ich loben will, erscheint mir's wieder paradox! Was Jahrhunderten standhielt, ihr zerstört es in einem halben Menschenleben. Gewiß, für sehr viel Geld habt ihr das meiste wieder konserviert und nachgebildet. Trotzdem wird es immer schneller zu Staub zerfallen. Ist euer Fortschritt solchen Preis wert? Ich könnte weinen ... – Dio mio, was habe ich mich schon wieder exaltiert! – ... doch was soll's, ich kann daran nichts ändern. Schal und mittelmäßig sind hier alle Worte, müßiges Geschwätz! Schleunigst handeln müßte man da.

Sie werden ungeduldig? Je nun, sind das nicht die Sorgen Ihrer Zeit? Ich spür's, ich gehe Ihnen auf die Nerven. Adieu, mein Freund! Halt, eines noch: Keinesfalls dürfen Sie versäumen, von da oben »– er deutet auf die Fensterfront der Residenz –« die grandiosen alten Dächerpartien zu betrachten. Generationen gelehriger Kater haben hier über Sinn und Unsinn des Lebens nachgegrübelt und dabei ihre Krallen gewetzt .... O Murr, mein guter Murr! Arger Philister zwar, dennoch sensibelster, bester deines Stammes! Deinesgleichen wird wohl niemals wiederkehren ...« Spricht's, und verschwindet auf der Stelle.

Nun ist er aber wirklich vollends rappelköpfisch, denkst du, und hast nichts dagegen, eine Zeitlang ohne ihn herumzustreifen.

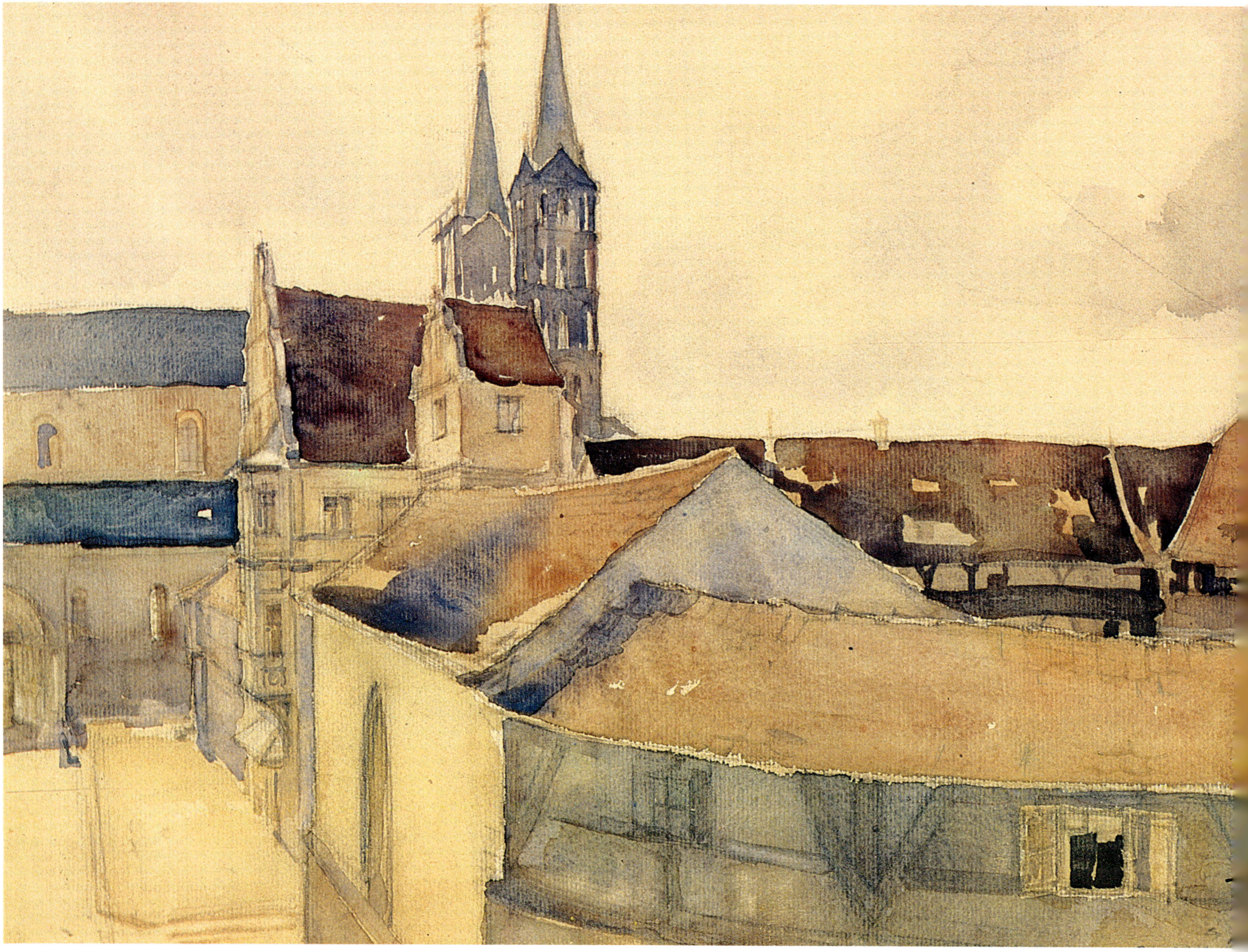

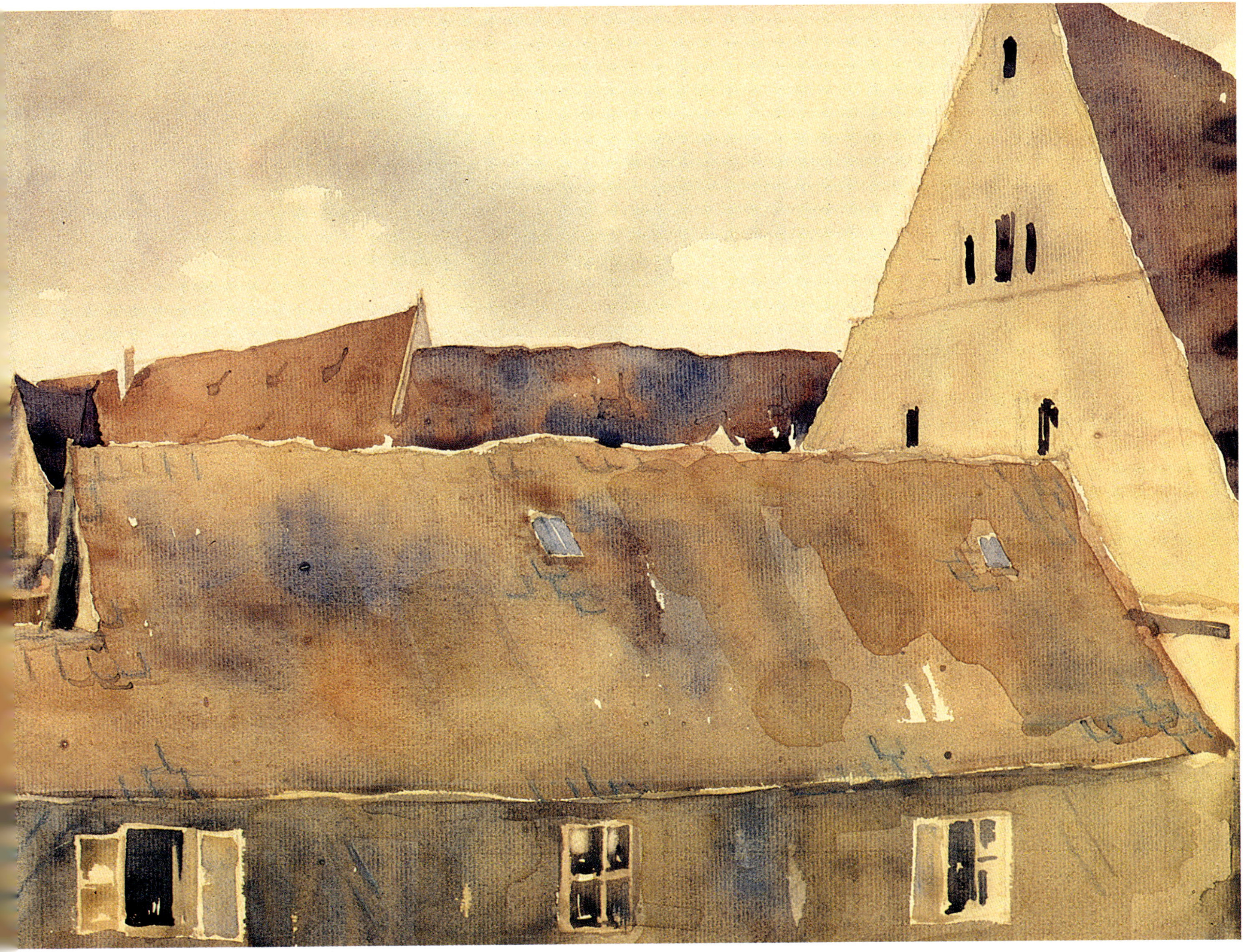

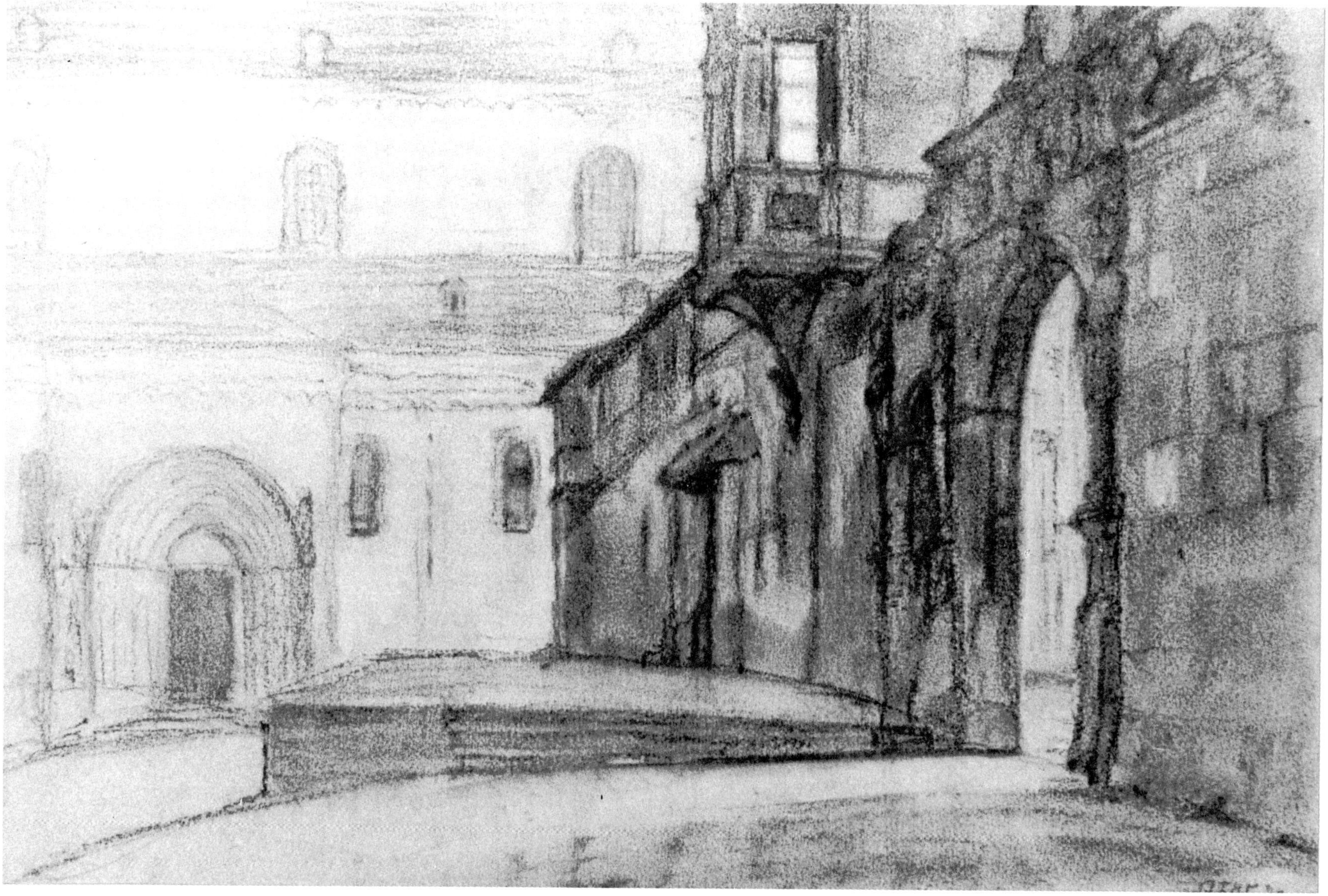

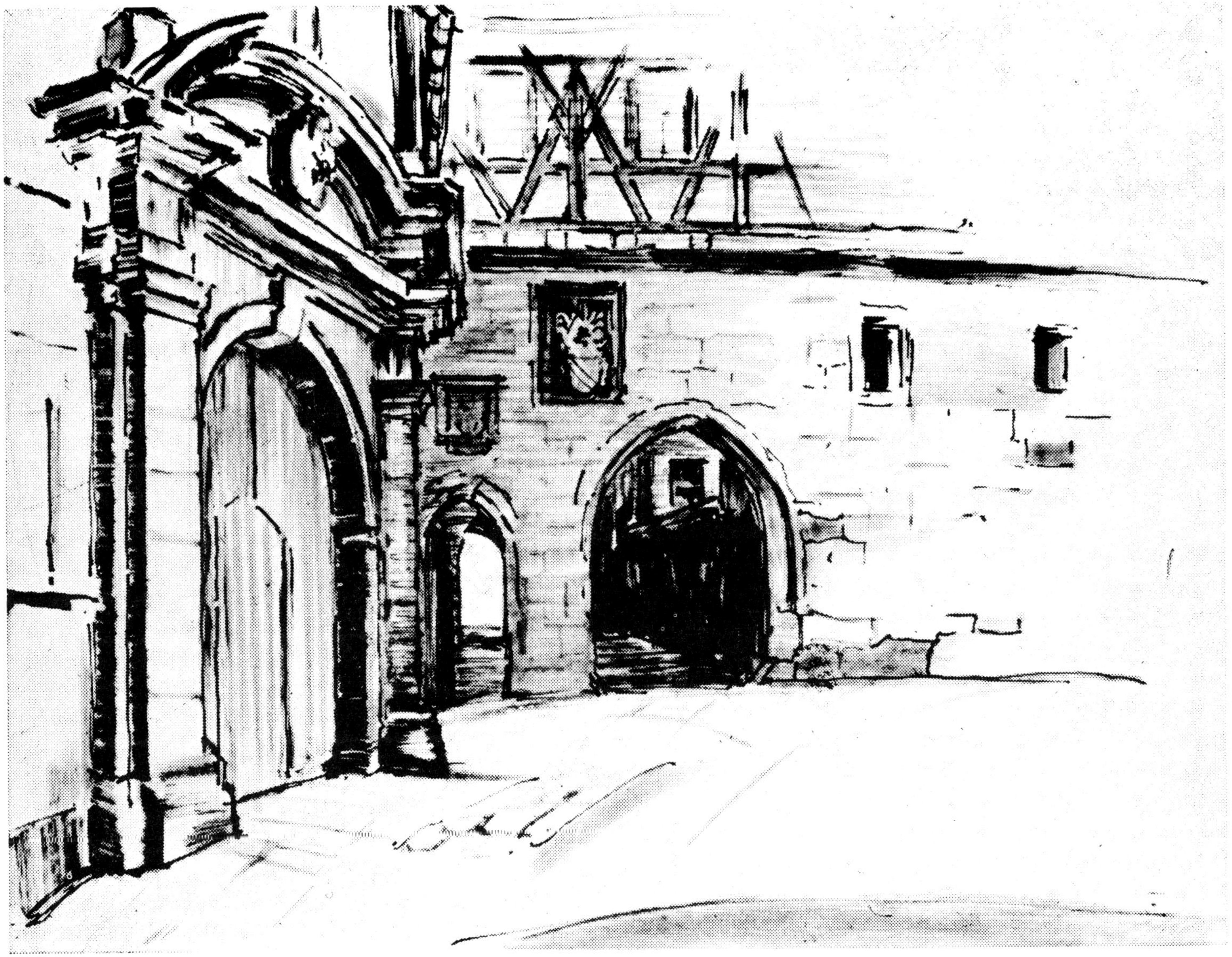

Da der Dom über Mittag geschlossen, dauert es nicht lange, und du sitzt wirklich im Rosengarten bei einem Kaffee. Träge blinzelst du in die Sonne und stellst dir in dieser Umgebung ein abendliches Serenadenkonzert vor.

»Nur zu recht haben Sie, lieber Freund«, dringt Kreislers Stimme, durchsetzt von Mozart'schen Klängen, flüsternd in dein Bewußtsein. Anscheinend träumst du schon wieder. »Göttlicher Amadeus ... Mozart nimmt das Übermenschliche, das Wunderbare, welches im innersten Geiste wohnt, in Anspruch. Und ich setze hinzu: Was wäre die schönste Natur, die herrlichste Kunst, wenn die Musik nicht wäre! Der Herr gehört, wie ich zu meiner Befriedigung erkenne, doch nicht zu jener Sorte von Eseln, denen dieses Zauberreich auf ewig verschlossen. Habe Ihnen da drüben übrigens auch die alte Blutbuche wieder hingezaubert. Doch jetzt auf, uns steht noch ein erkleckliches Pensum bevor!« Weg ist der eine Spuk, der andere, im strahlenden Tageslicht, geht weiter.

Dein Begleiter weist über die Dächer, hinunter zur Aufseesgasse, und dann hinauf zum Michaelsberg. »Kommen Sie mit!« Und kaum hast du dich's versehen, seid ihr auch schon oben.

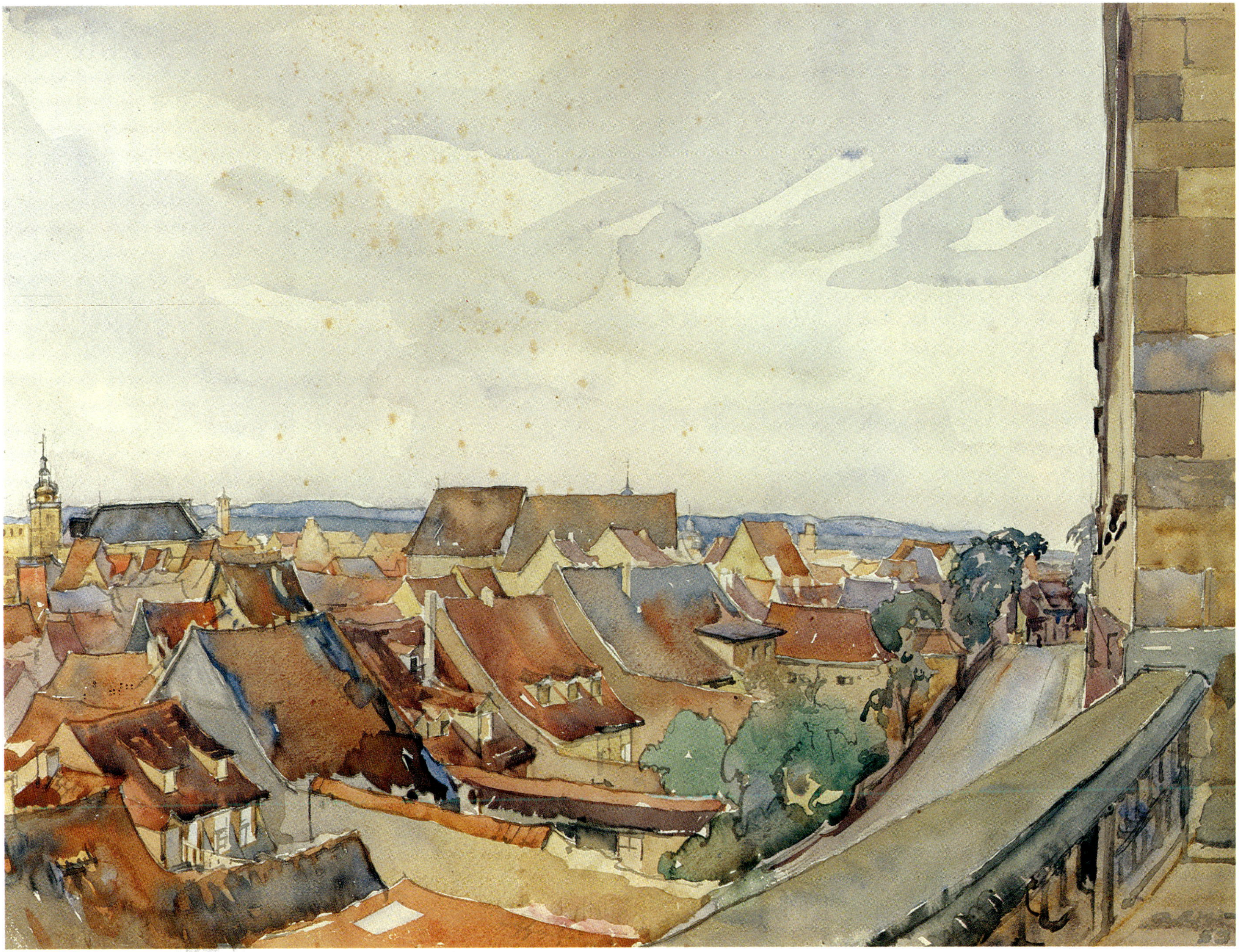

Ihr Bamberger Hügel! So viel ist schon über euch geschrieben worden. Poetisches, topographisches, historisches, geologisches, soziologisches ... und dennoch:

Die einzigartige Lage dieser Stadt, ihr macht sie aus. Laß deine Blicke schweifen von Nord über Ost nach Süd, vom Kreuzberg bis zur Friesener Warte, je höher du gelangst bei deinen Wegen, desto schöner liegt es dir zu Füßen, dieses Kleinod im Herzen Europas. Und wenn dir hier nicht das Herz aufgeht vor Freude und Seligkeit, ist dir dann noch zu helfen? »Dann bleib in Teufels Namen, wo der Pfeffer wächst, Amen!« Kreisler hat sich schon wieder eingeschaltet und will dir noch

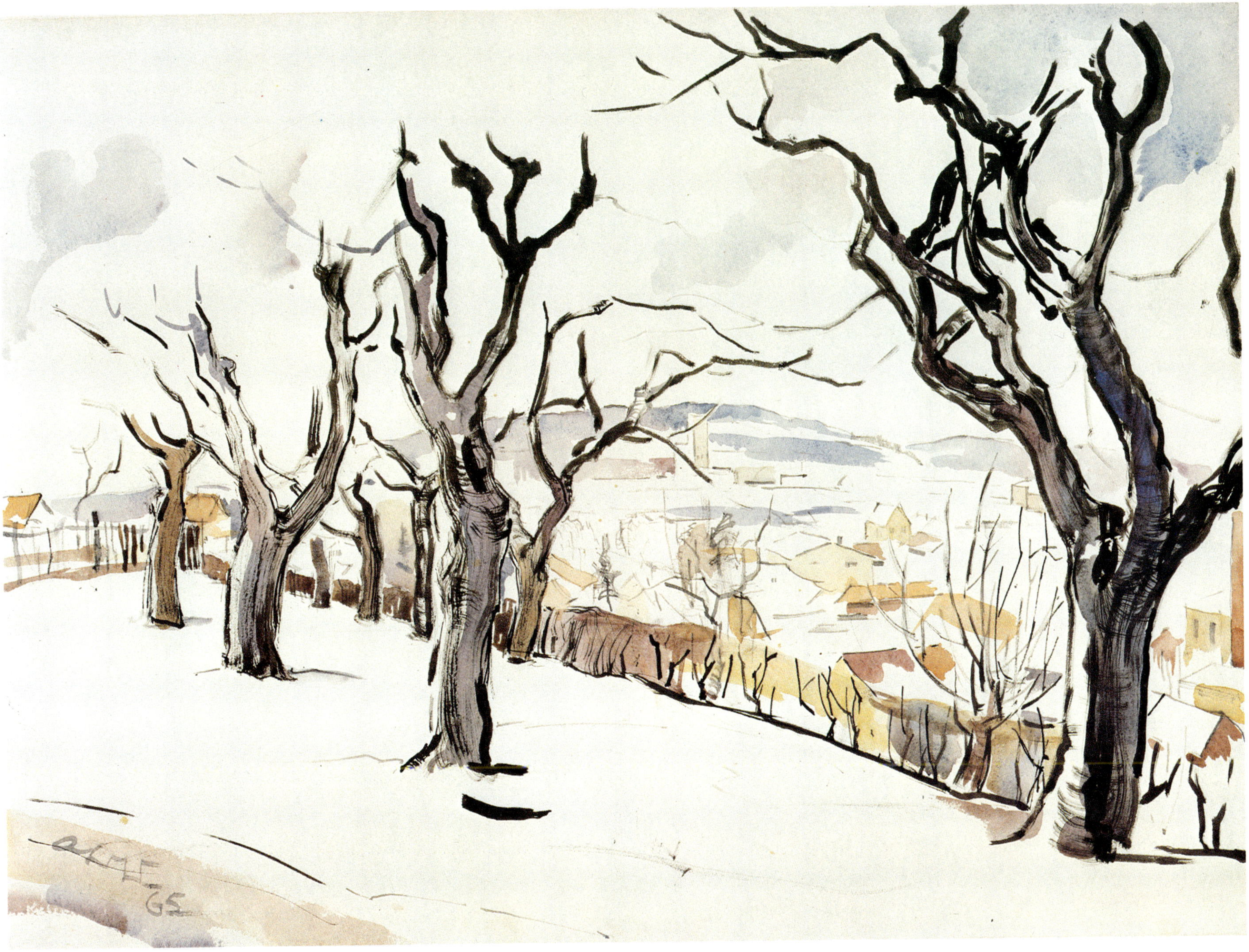

etwas Wichtiges mitteilen: »Versäumen Sie über aller Euphorie nicht, im Vorbeigehen bei meinem alten Freunde Dr. Marcus auf der Altenburg einzusprechen! Vielleicht ist er wieder oben, wenn Sie scharf genug über ihn nachdenken. Für gute Freunde hat er stets ein paar exquisite Flaschen im Keller.« Seine Augen funkeln vergnügt. »Richten Sie nur aus, Kreisler ließe grüßen! Ein prächtiger Mensch, dieser Marcus! Sehen Sie nur: Da unten sein Krankenhaus, hat immerhin fast zweihundert Jahre gehalten..., erst jetzt ist hinter der Altenburg ein neues und größeres entstanden; und hier das Bürgerspital, da droben am Berg die Nervenklinik: alles seine Einrichtungen! Schätze, daß wir damals auch schon recht fortschrittlich gewesen sind, mein Bester! Und mit gebührendem Nachdruck setze ich hinzu, die Bamberger hätten mehr als einiges an ihm gutzumachen. Wünsche dem Herrn einen angenehmen Spaziergang, werden uns bei Gelegenheit vielleicht nochmals begegnen!« Seltsam kalt und schneidend war zuletzt seine Stimme geworden, und wieder ist er weg, wie fortgeblasen.

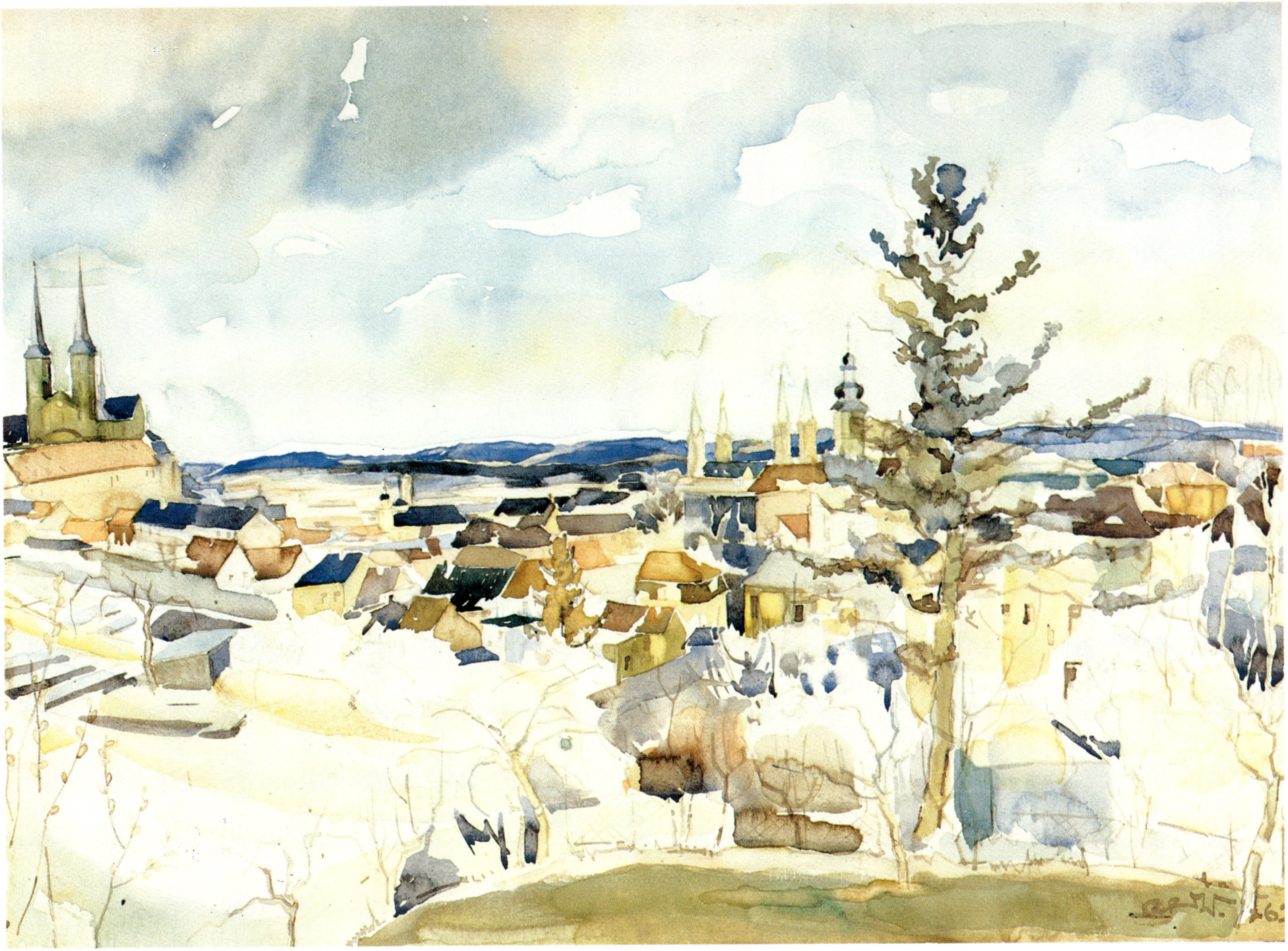

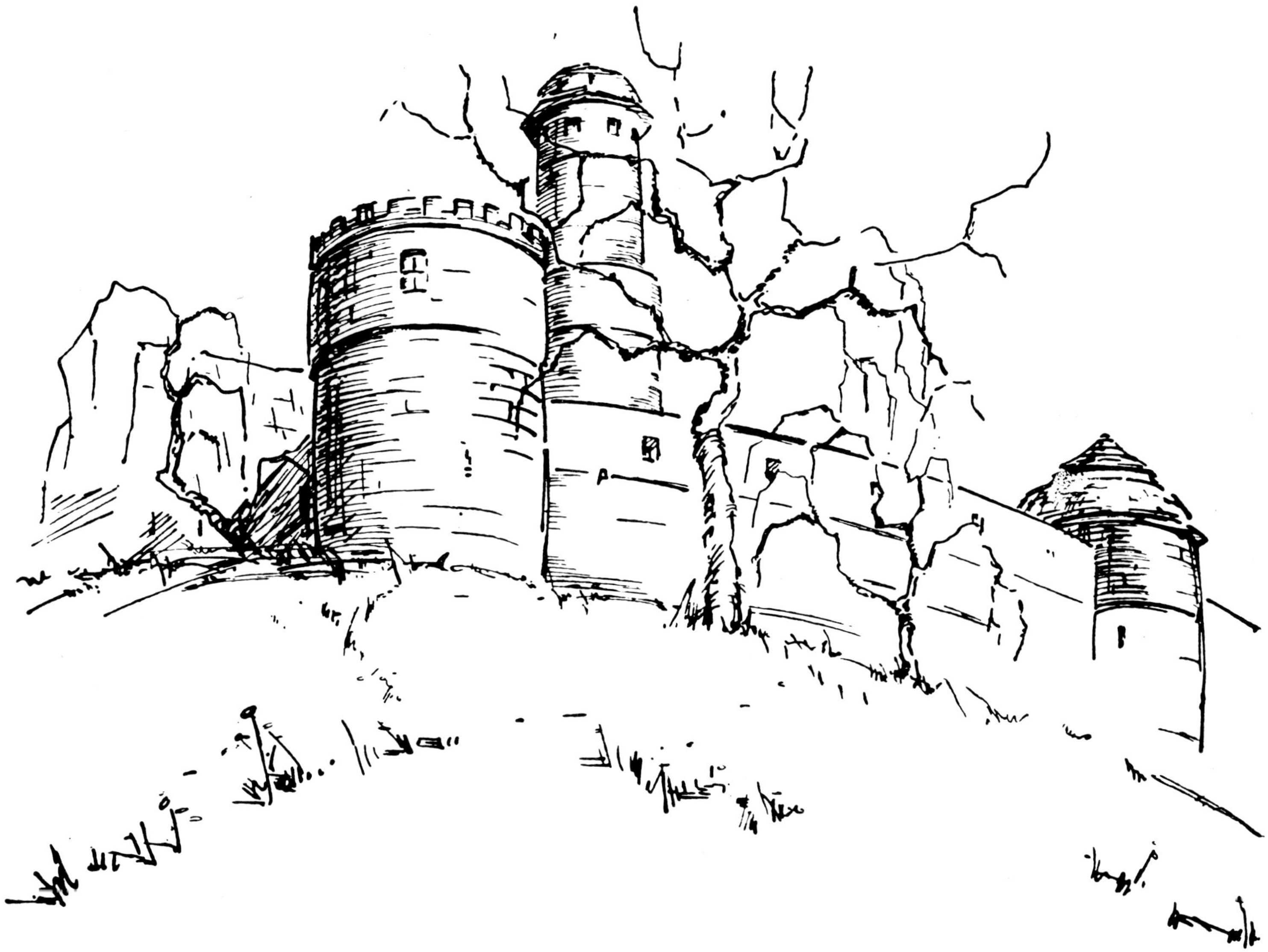

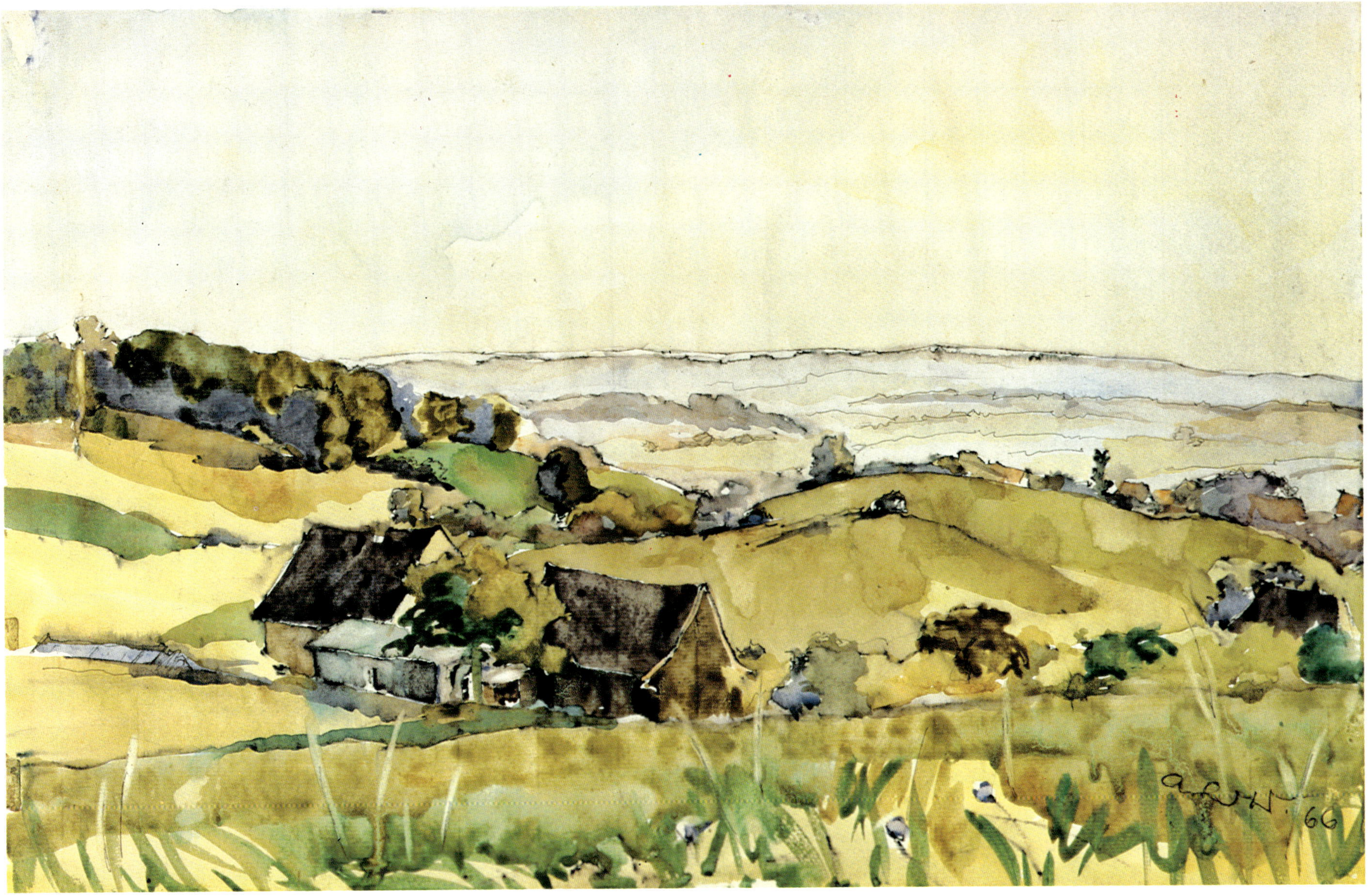

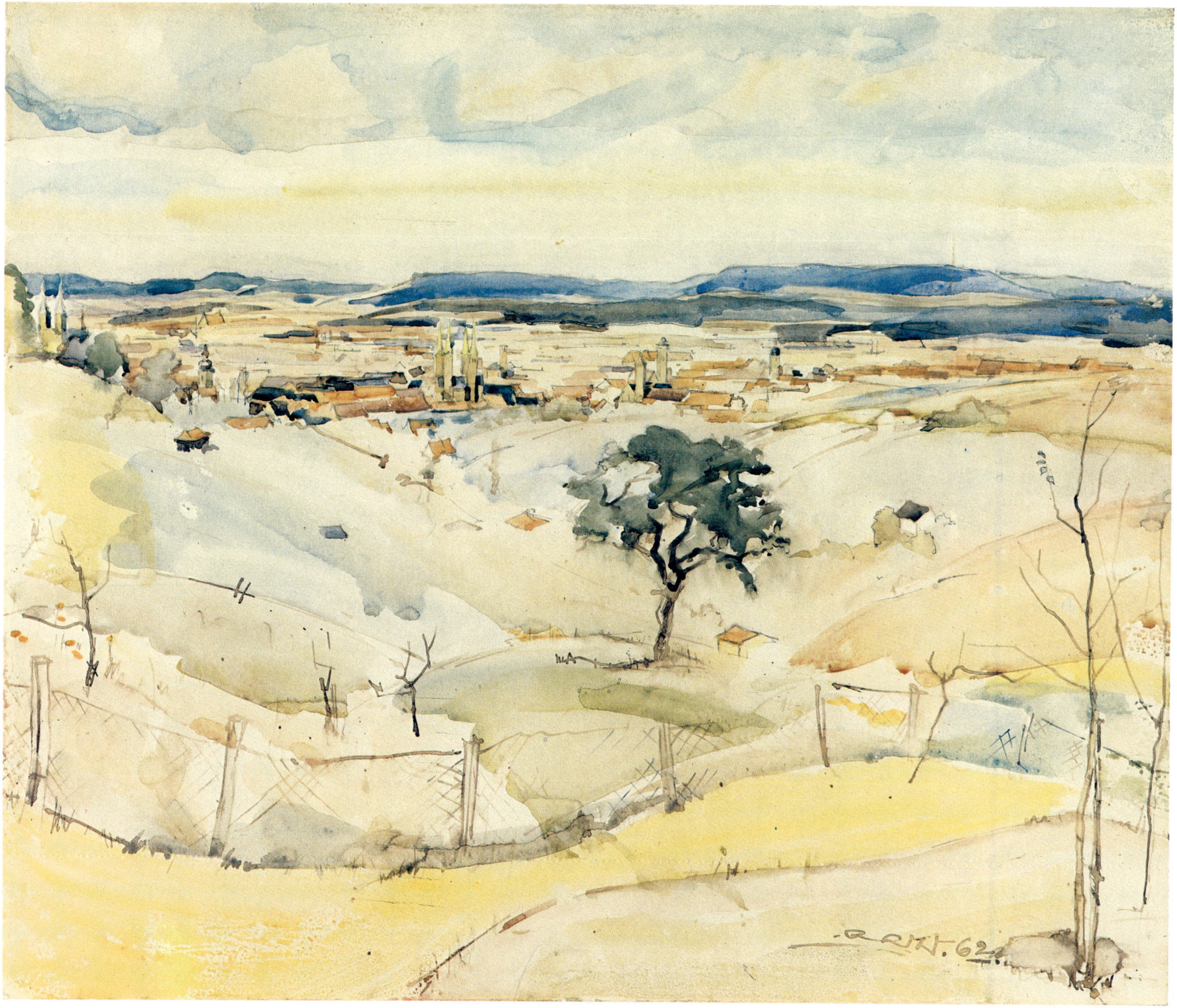

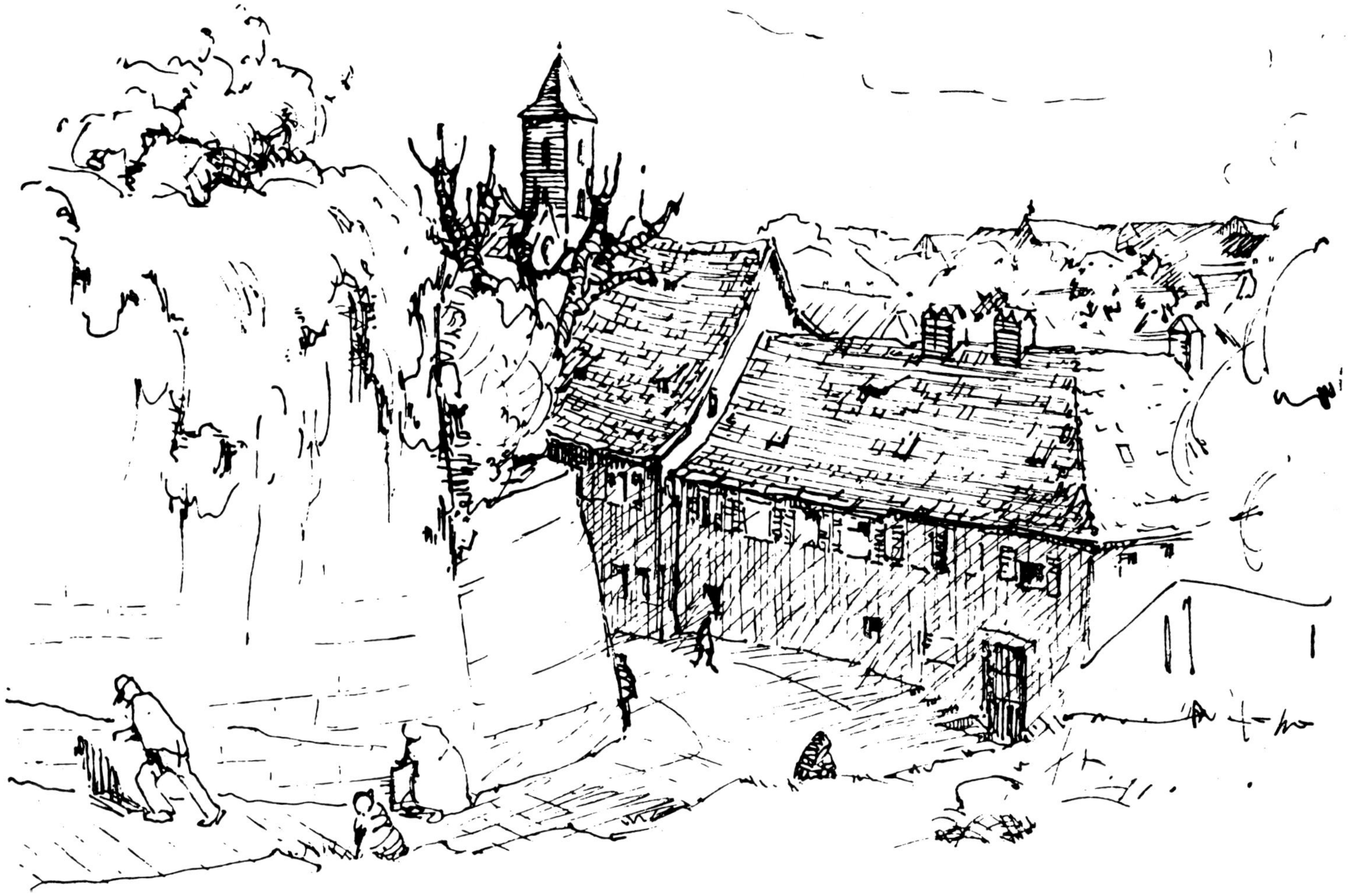

In Gedanken versunken bist du bergauf, bergab gewandert. Natürlich hat auf der Altenburg niemand einen Dr. Marcus gekannt, und wahrscheinlich hast du einstweilen unterwegs Hunger und Durst auf normale Art gestillt.

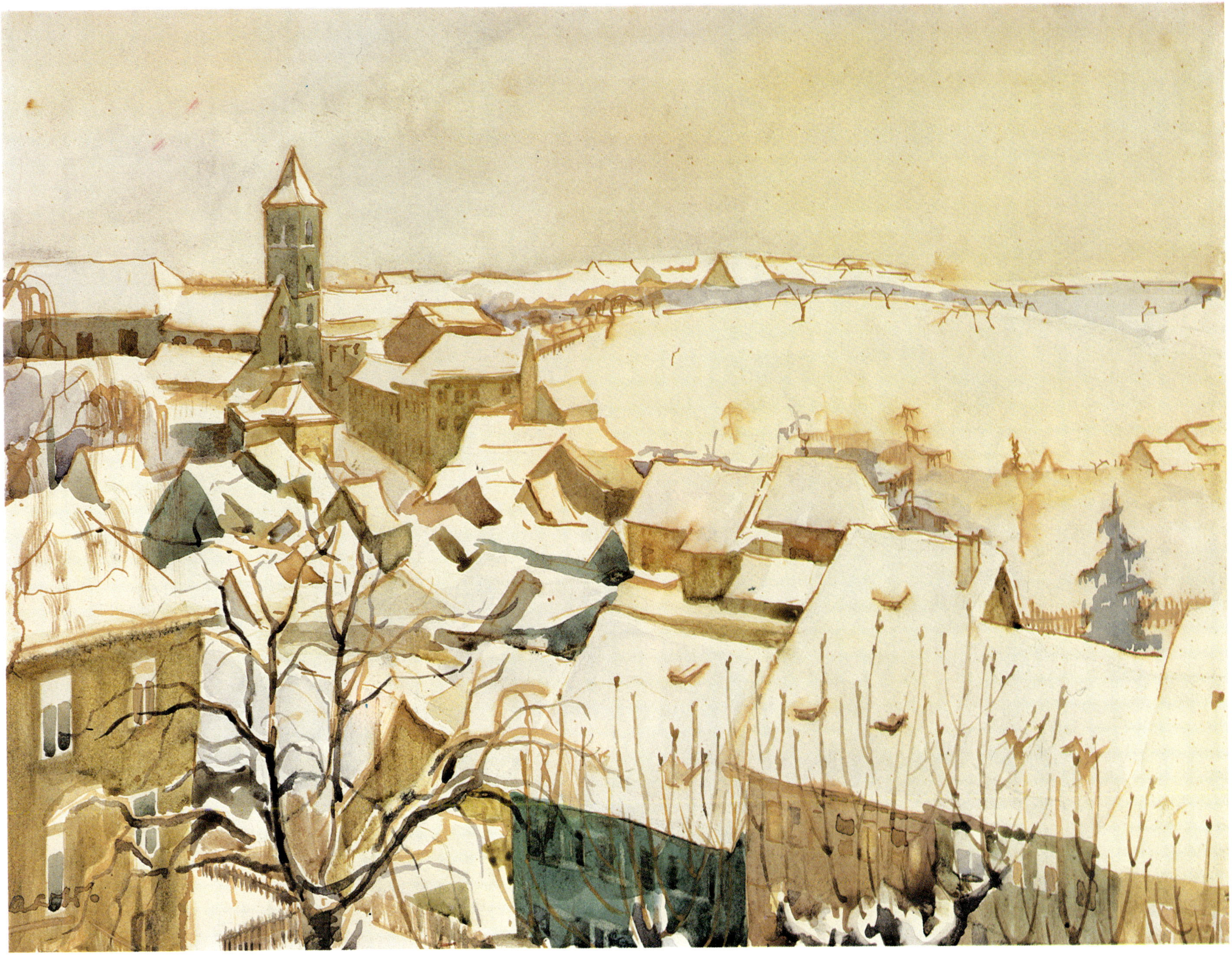

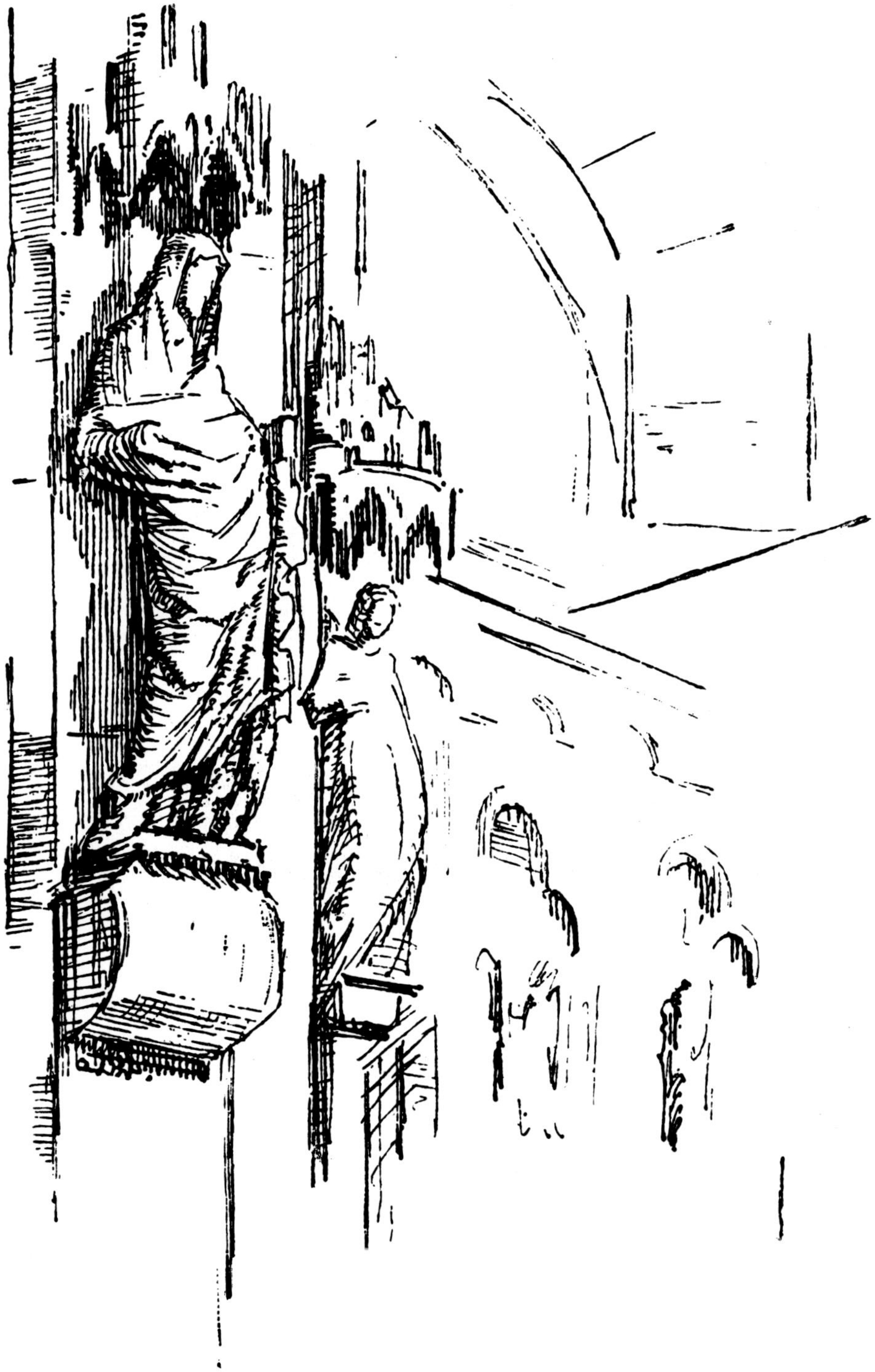

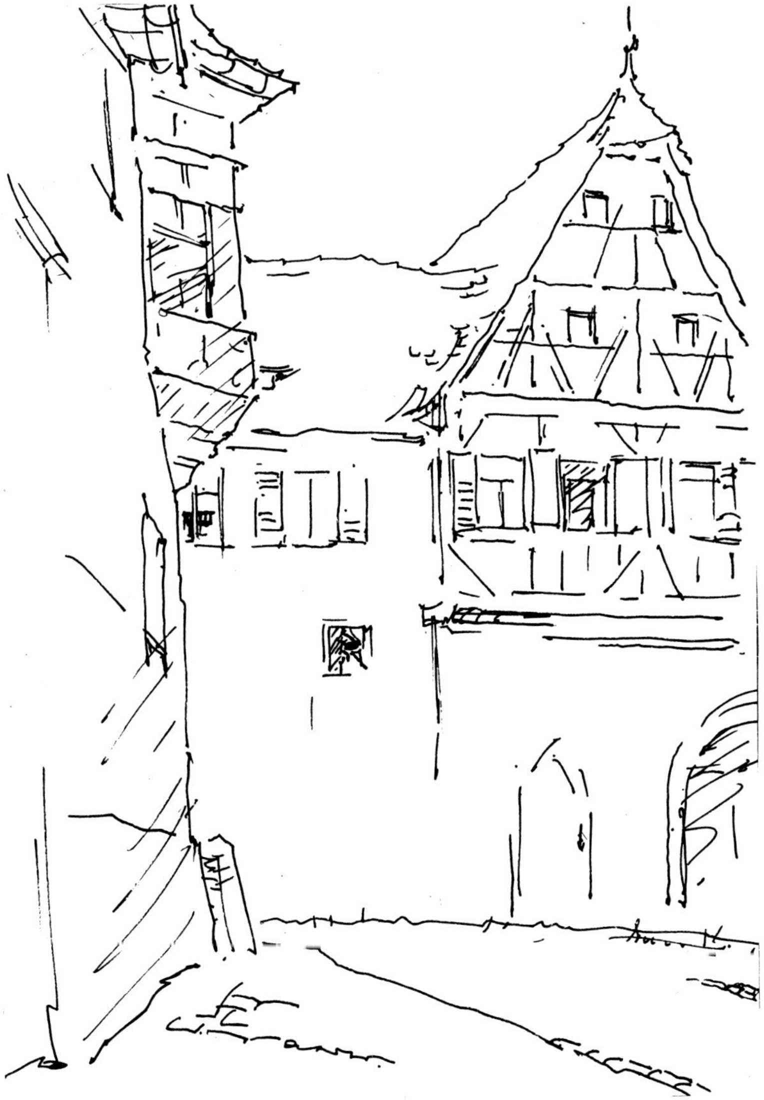

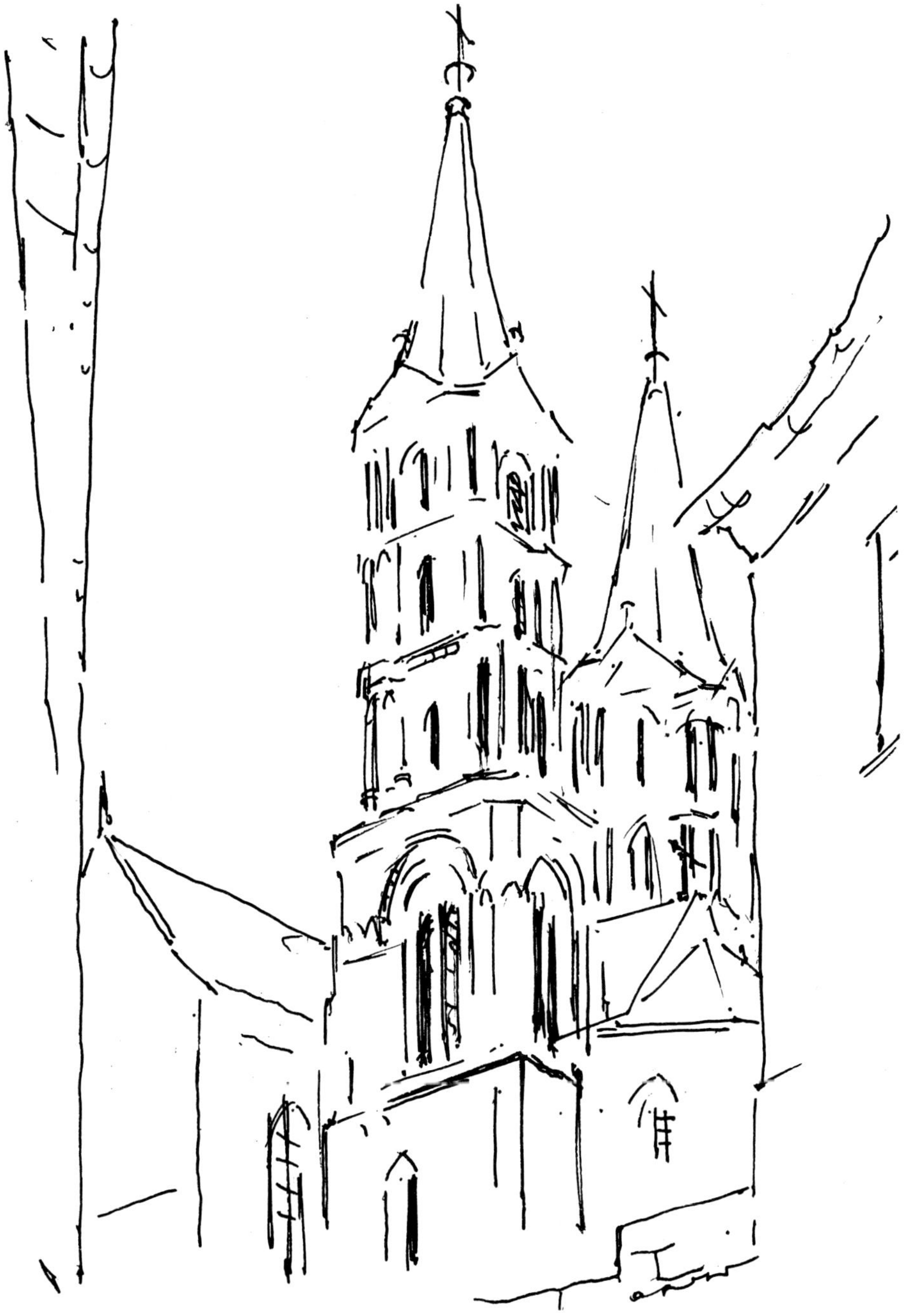

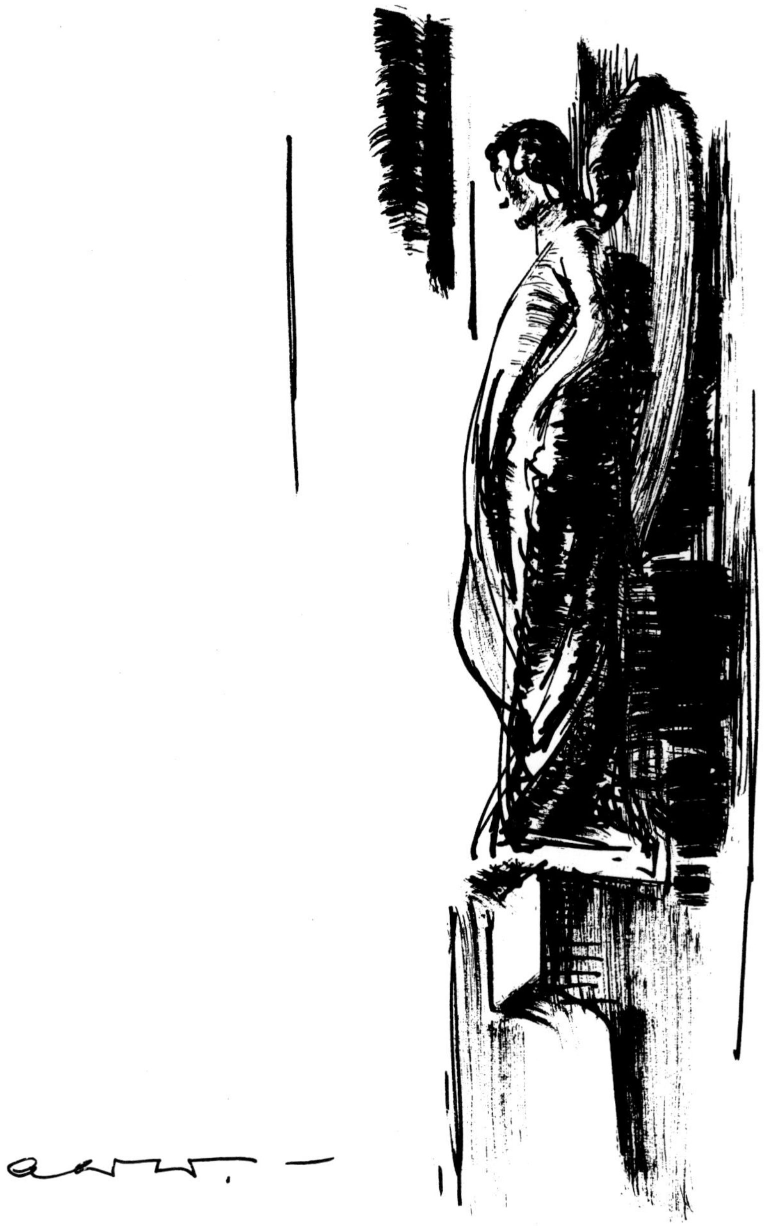

Jedenfalls bist du, angefüllt mit schönsten Eindrücken, schließlich zum zweitenmal am Domplatz und endlich auch im Dominneren angekommen. Nach eingehender Besichtigung steigst du die Treppe unter den Akazien zum alten Ebracher Hof ‚im Bach' hinunter und drüben wieder hinauf zum Kaulberg.

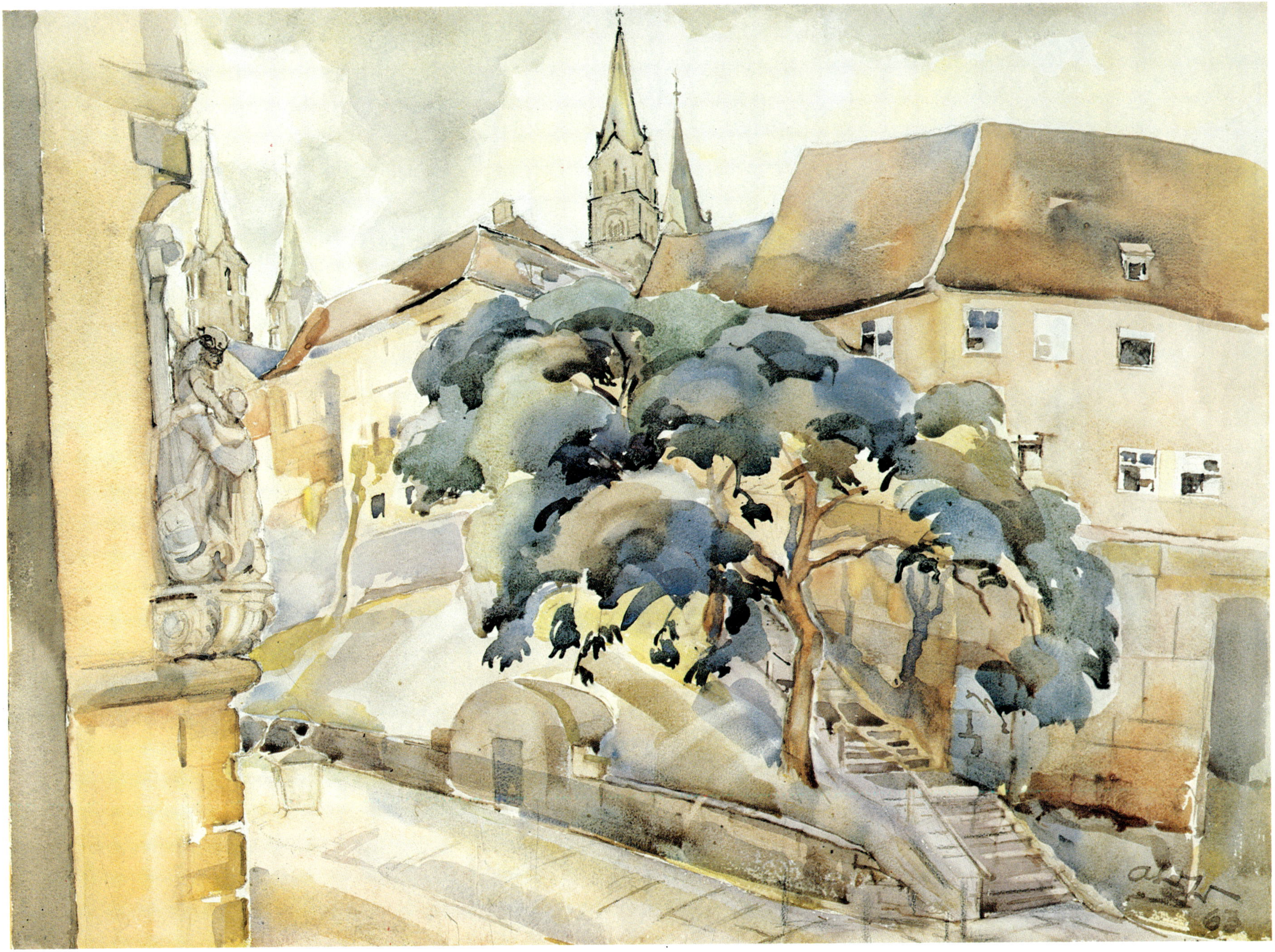

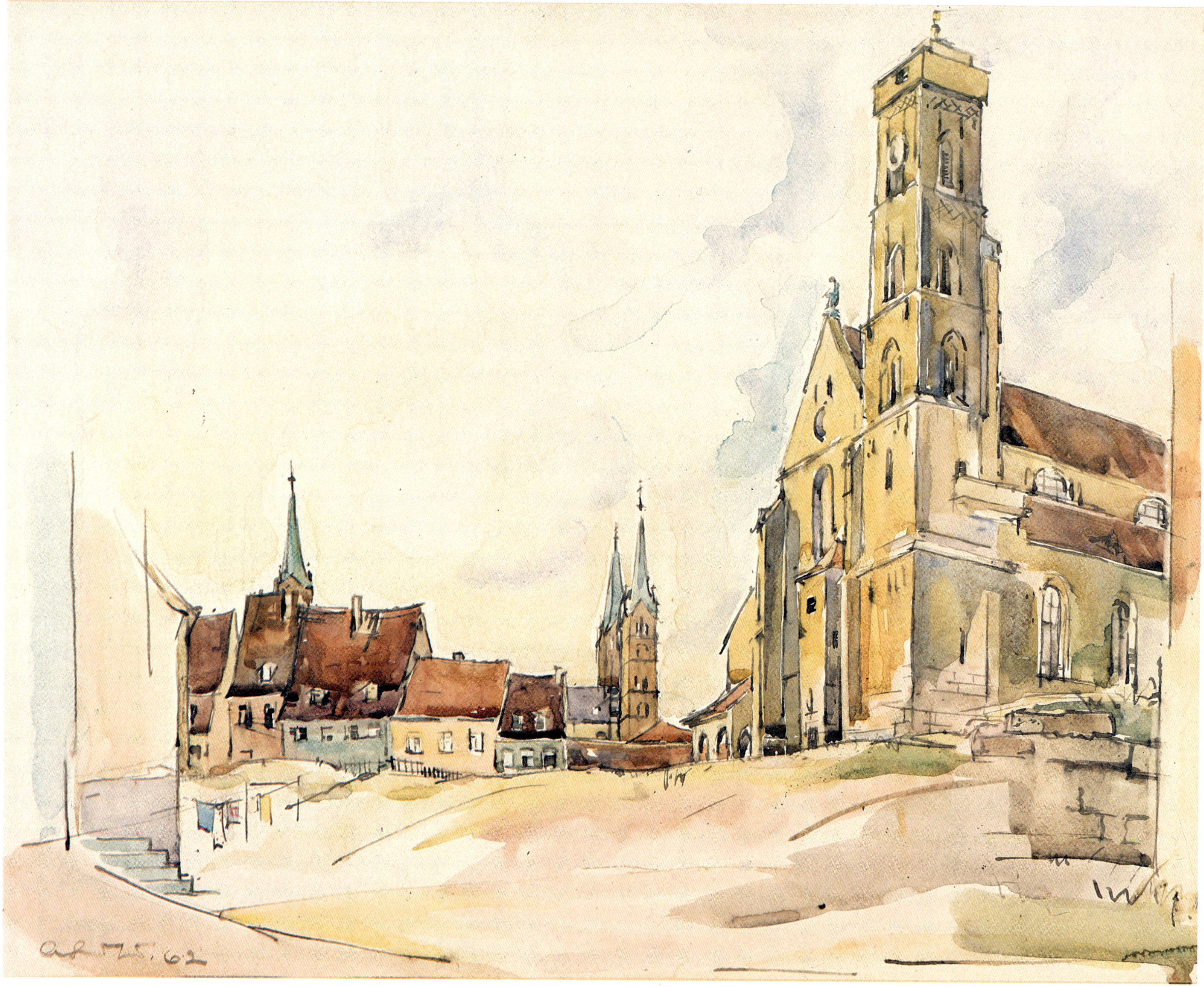

Dort, wo auch die Häuschen mit ihren Dächern und Giebeln alle Arten der Tonleiter auf- und absteigen, stehst du nun vor der ‚Oberen Pfarre', die gleich einer mächtigen Glucke zwischen ihren Küchlein sich dem Berge und der Zeiten Wandel entgegenstemmt. Unter frommen Gemütern ging ums Kriegsende die Mär, nur dem Gnadenbilde unserer Lieben Frau wäre es zu danken gewesen, daß die letzte Bombe akkurat vor der Hauptpforte zu Fall kam und das Münster verschont blieb... Eine ganze Reihe schöner Häuser oberhalb der Kirche sind aber halt doch den Bomben oder – Jahre später erst – der Spitzhacke zum Opfer gefallen.

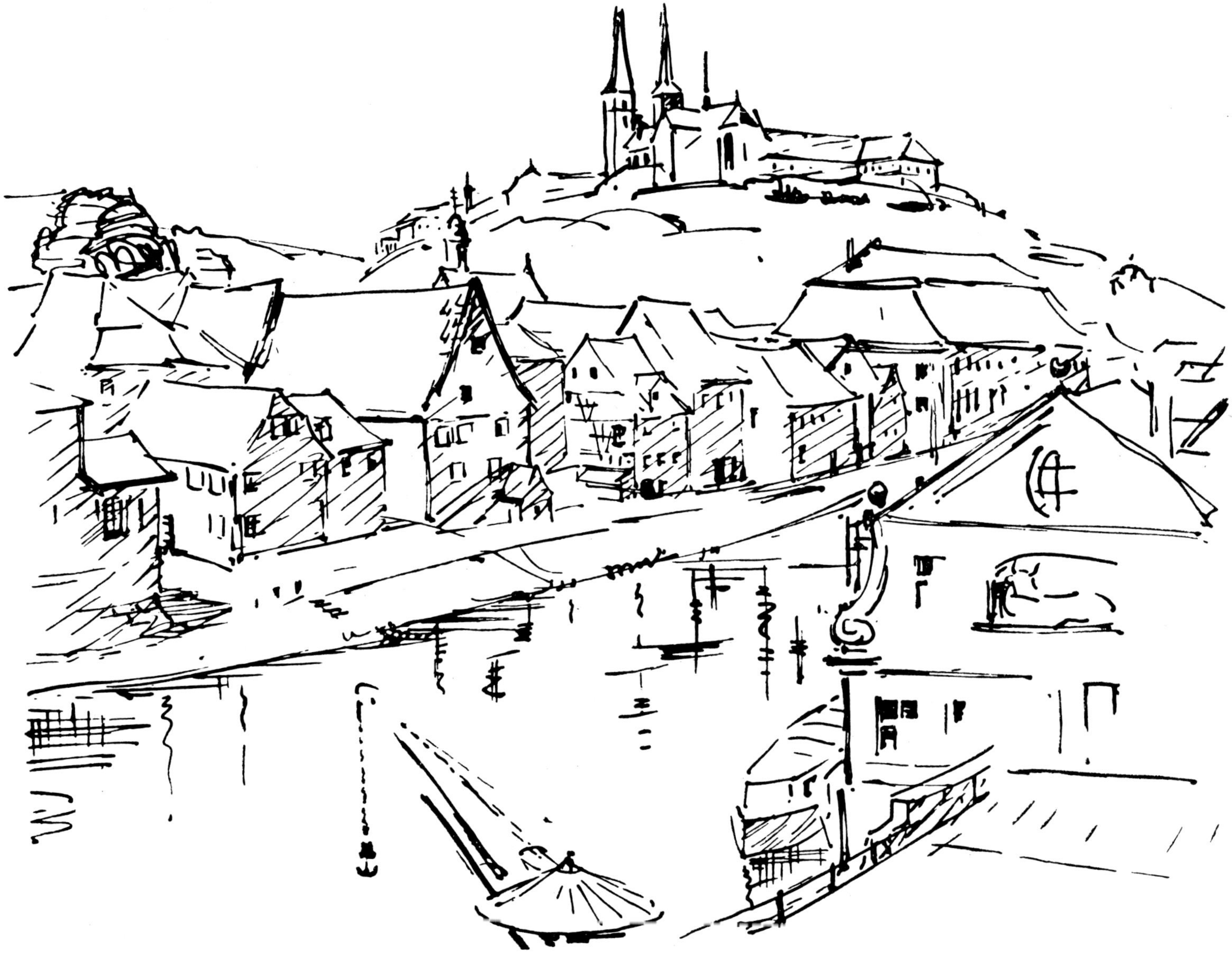

»Werden mich hoffentlich nicht allzusehr vermißt haben?« Herr Kreisler ist also wieder da, und du freust dich sogar in gewisser Weise darüber. Irgendwie ist er dir vielleicht schon vertraut geworden und du empfindest seine Gegenwart als etwas Positives. Offensichtlich hat sich seine Laune sehr gebessert.

»Sehe mit Vergnügen, daß Sie mein abruptes Benehmen nicht nachtragen, hatte ja auch nichts mit Ihnen zu tun! Zur kleinen Entschädigung habe ich dafür den alten ‚Rothof' vor Ihnen erscheinen lassen und so manches störende Gebäude weggezaubert auf Ihrem Spazierweg.« Er summt vergnüglich vor sich hin. »War selber indessen Kunzen zu besuchen unterwegs. Der Arme ist nicht mehr! Sein Haus desgleichen, als hätt's das nie gegeben. Und sein Weinkeller drunten am jetzigen Markt: leer! Allerdings findet zur Zeit über diesen alten Gewölben eine äußerst respektable musikalische Probe statt, und das versöhnt ja immer mit so manchem, mein Lieber! Doch nun das Allerschönste: Als ich schließlich die Rotenhan in der Kapuzinergasse aufsuchen will, entdecke ich mit innigem Vergnügen, daß die Alma Mater zu neuem Leben erwacht ist und sich in diesem Stadtviertel wieder ausbreitet. Was sagen Sie dazu? Exorbitant, mein Lieber, fantastisch, kühn! Überflüssig zu erwähnen, daß die gute Rotenhan wie alle übrigen von damals…«. Er macht lachend eine Bewegung nach oben und unten.

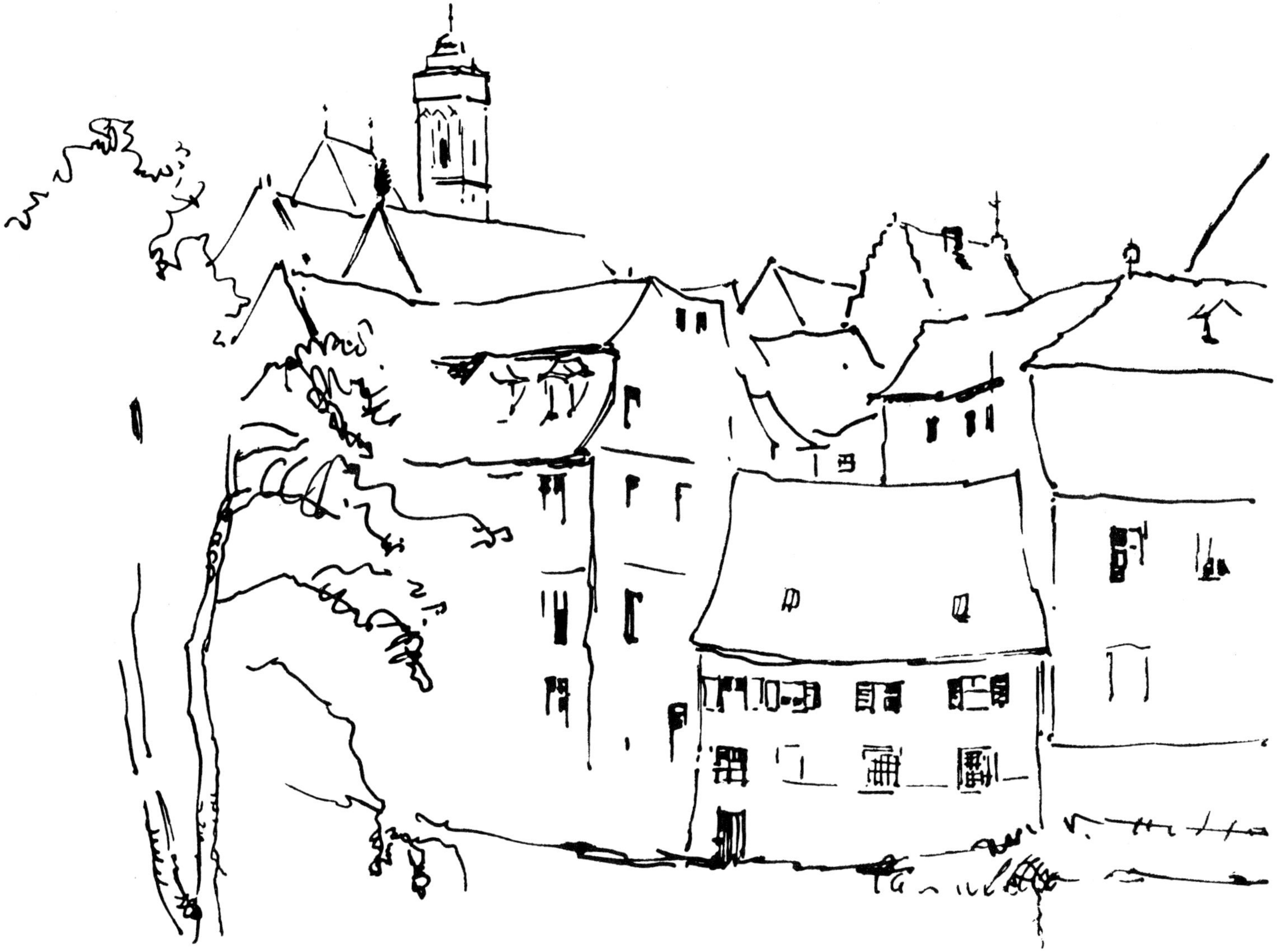

»Gestorben – verdorben. Tempi passati! Dabei hätt' ich mir's denken können, ich Ochse! So bin ich denn um die Ecke gegangen und habe mich, wie in alten Zeiten, über das kuriose steinerne Rindvieh am Schlachthaus erheitert und wieder an seinem holprigen lateinischen Sinnspruch herumstudiert. Ein Ochs, der doch schlichtweg die übliche Geburt und's Kälberdasein übersprungen hat. Gibt's das, mein Herr? Ei freilich! Die Kunst macht's möglich, des Künstlers Hand hat Vaterstelle übernommen!«

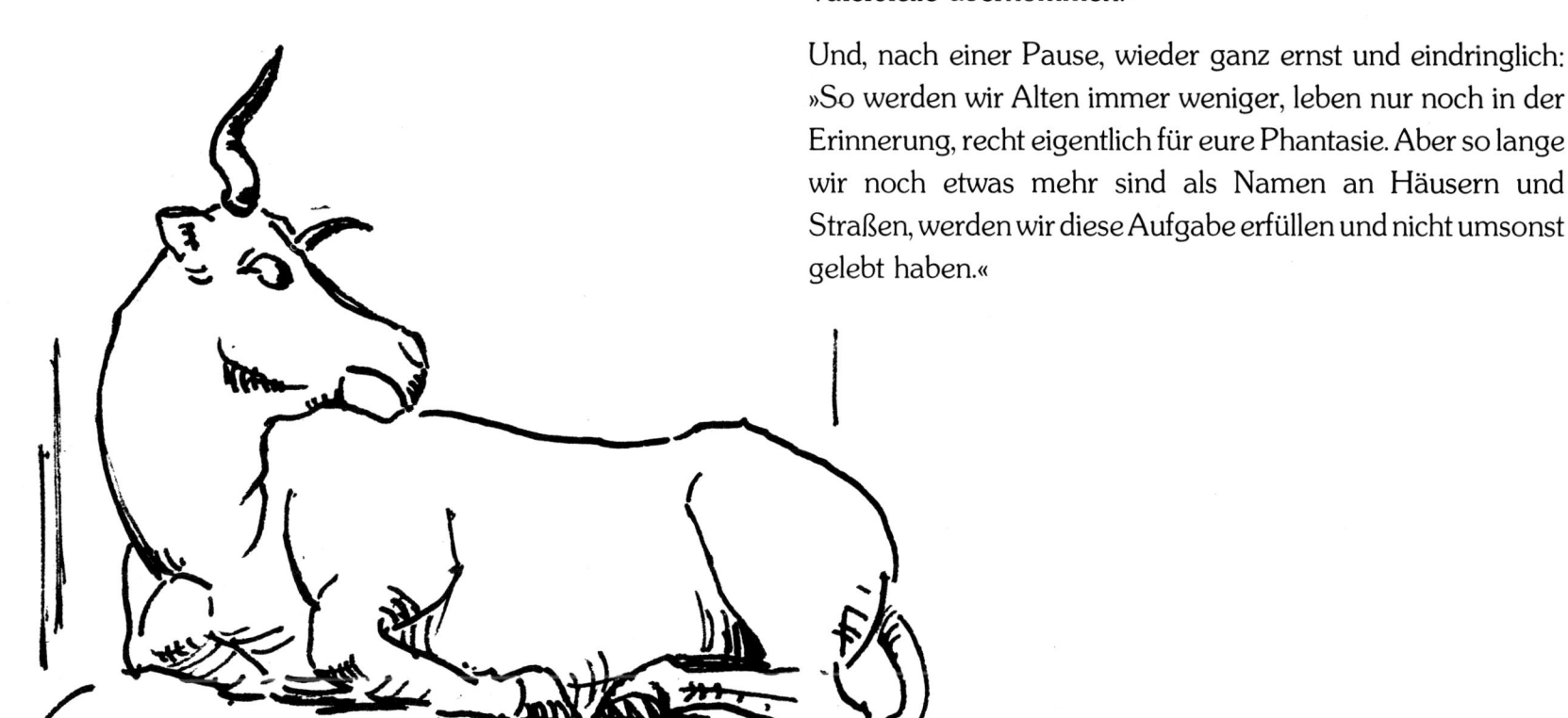

Und, nach einer Pause, wieder ganz ernst und eindringlich: »So werden wir Alten immer weniger, leben nur noch in der Erinnerung, recht eigentlich für eure Phantasie. Aber so lange wir noch etwas mehr sind als Namen an Häusern und Straßen, werden wir diese Aufgabe erfüllen und nicht umsonst gelebt haben.«

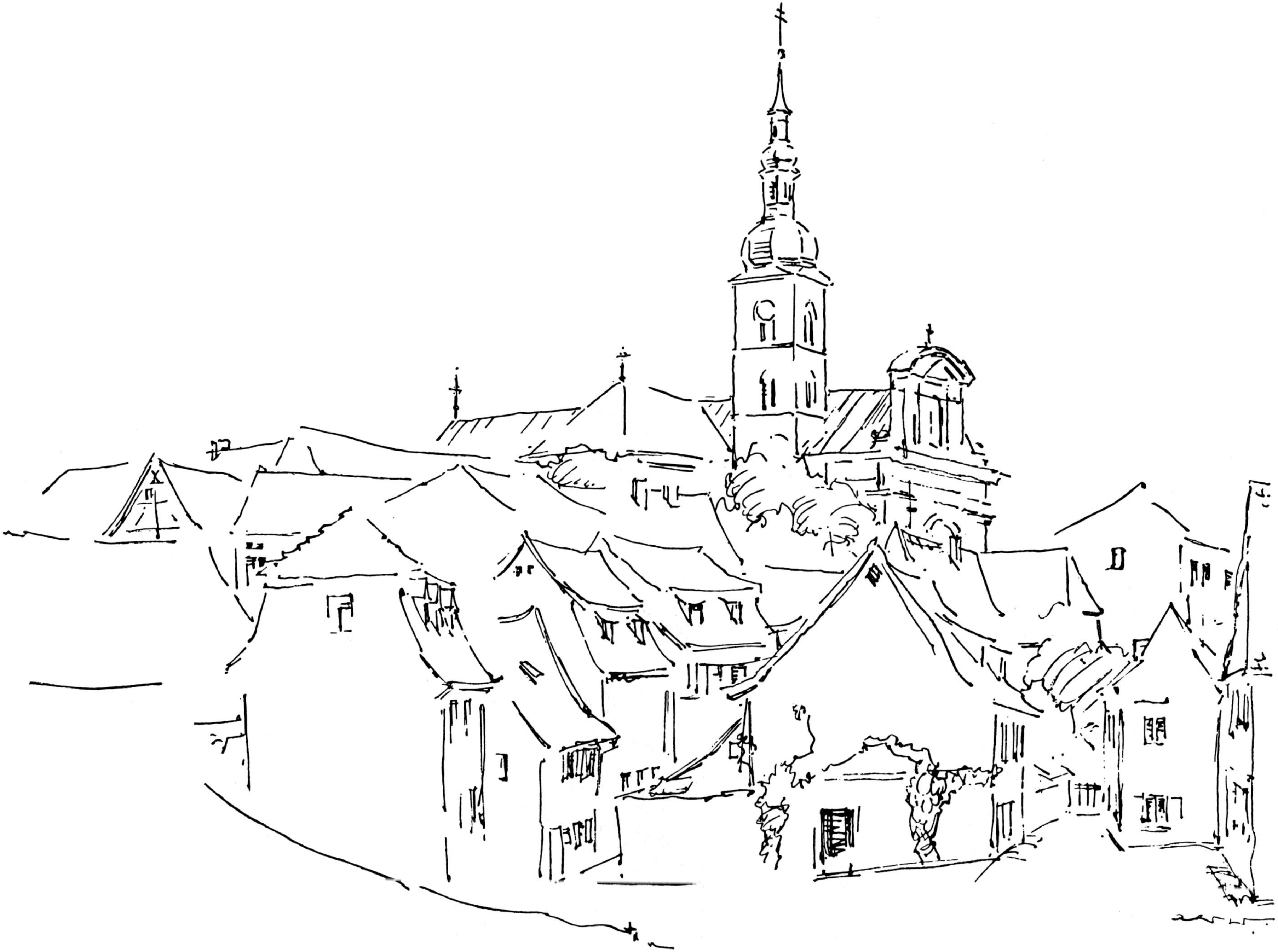

Du wunderst dich nicht, daß er wieder einmal verschwunden ist, und setzt deinen Weg durch die alten Gassen zum Stephansberg fort, wo du beschließt, bei nächster Gelegenheit mit einer zünftigen Brotzeit die Bierkeller droben aufzusuchen. Erstaunlicherweise bist du keineswegs müde, als ob dich dein kurioser Gefährte bei jeder seiner Erscheinungen mit neuer Energie und Freude zum Schauen erfüllt habe. So steigst du wieder hinunter ans Wasser, durchquerst das völlig erneuerte Mühlenviertel, und stehst schließlich, am Ende von Mühlwörth, bei der Schleuse Nro. 100 des alten Ludwigs-Kanals, der letzten, von Kelheim aus gezählt.

Obwohl es eigentlich längst Abend sein müßte, steht die Sonne noch hoch am Himmel, was dich kaum mehr verwundert, da heute so manches nicht mit rechten Dingen zugeht. »Pünktlich, mein Freund, äußerst pünktlich! Um diese Stunde pflegen wir zumeist unseren Spaziergang nach Bug zu unternehmen, und wenn mich nicht alles trügt, wollen Sie doch diesmal mir Gesellschaft leisten?«

Ein letzter Blick zurück über den Fluß zur ‚Concordia', Herrn Böttingers imposantem Wasserschloß. »Äußerst pittoresk, nicht wahr! Der Garten mit seinen vielen Figuren nicht minder; 's ist wirklich an der Zeit, daß der aus seinem langen Schlaf erwacht.

Habt Ihr übrigens vorhin den Brunnen in der Gasse da drüben entdeckt? Dacht' ich mir's, den gibt's nämlich auch nicht mehr.«

Er zieht dich über den Wasserfall in die Lindenallee, die zum Hain führt, und am Fluß entlang. »Diese Pfade, lieber Freund, unweit meines damaligen Refugiums, wie oft bin ich sie gegangen! Der Hölle Abgrund mal in meinem Herzen, des Himmels lauterste Seligkeit ein andermal! Kennt Ihr die Liebe, mein Herr, die Sehnsucht, die Verzweiflung, den Haß, die Resignation? Kennt Ihr schließlich die Krone alles dessen: die Kunst, die's in sich trägt und alle Schwere nimmt und uns dem Leben wieder schenkt mit allen seinen Zügen; kennt Ihr das eigentlich so recht?« Verwirrt über solchen Gefühlsausbruch fehlen dir die Worte und schweigend wandert ihr weiter den Fluß hinauf.

67

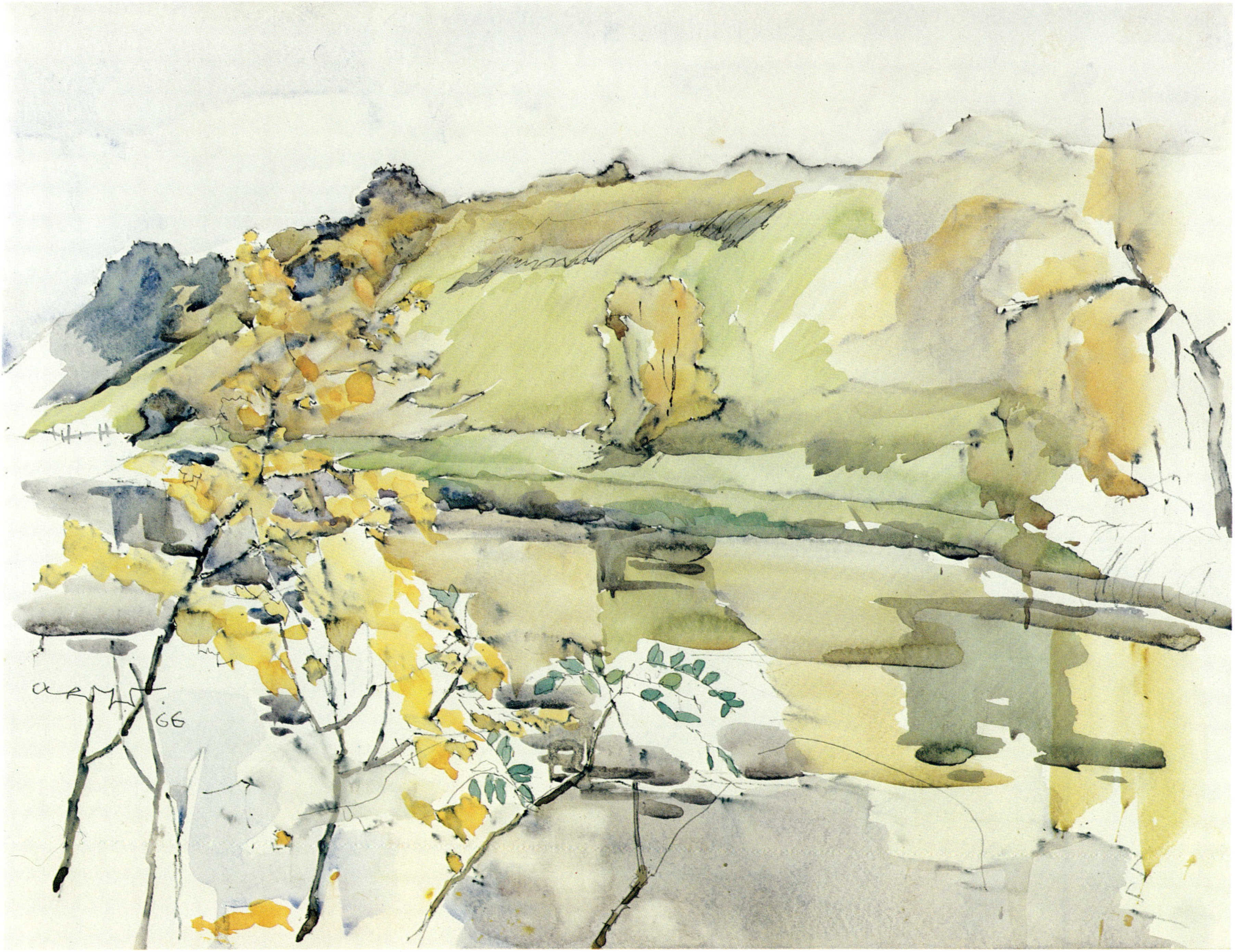

»Schnickschnack, das alles!« Und er krault einen großen schwarzen Hund, die Mischung irgend eines Jagdhundes mit einem Bullenbeißer, der euch seit geraumer Zeit nachgefolgt ist. Während das Tier seltsam knurrende, kläffende, wimmernde und leise heulende Töne ausstößt, scheint Kreisler sich angelegentlich mit ihm zu unterhalten. »Wie ich befürchtet: Die Hexensalbe ist noch immer wirksam. Treuester Berganza, Genosse einsamer Stunden! Du bevorzugst also wie eh und jeh das kümmerliche Brot ideal gesonnener Poeten, und kein saftiger Fleischknochen noch gar jene neumodische, industrielle Fertigkost kann auf Dauer deinen gediegenen Charakter beeinflussen! Gehab' dich wohl!« Ein fast menschlicher Blick aus uralten Hundeaugen, und das Gebüsch hat ihn wieder verschlungen.

»Nein, diese Brücke nicht, ausnahmsweise!« Kreisler hält dich am Arm fest, als du auf das neue Brückenwehr zusteuerst und dieses plötzlich verschwunden ist. »Mit mir dürft Ihr noch einmal übersetzen!« Und an der Spitze des Hains, wo der Fluß sich anschickt, mit zwei Armen die Inselstadt zu umfassen, da wartet auch schon der Kahn.

»Habe ihn herbestellt, diesen getreuen Charon, doch nicht zur Reise in die Unterwelt, beileibe! Da drüben seid Ihr mein Gast, dort sind wir noch allemal kreditwürdig!«

Die Zeit im alten Buger Wirtshaus vergeht dir wie im Nebel. Kreisler redet und redet, gestikulierend, auf dich ein, du kannst ihm nicht mehr recht folgen; du bist nun einfach überfordert, und so verblaßt und verschwindet seine Gestalt, bis du dich schließlich alleine und einer modernen Bedienung gegenüber wiederfindest. Eine saftige Zeche darfst du auch zahlen – von wegen ‚eingeladen'! – und kehrst über Bughof, die andre Wehrbrücke am rechten Flußarm und quer durch den botanischen Garten zurück. Schließlich wanderst du über die Heinrichsbrücke ostwärts, dort, wo das breite Bett der Großschiffahrtsstraße einmündet.

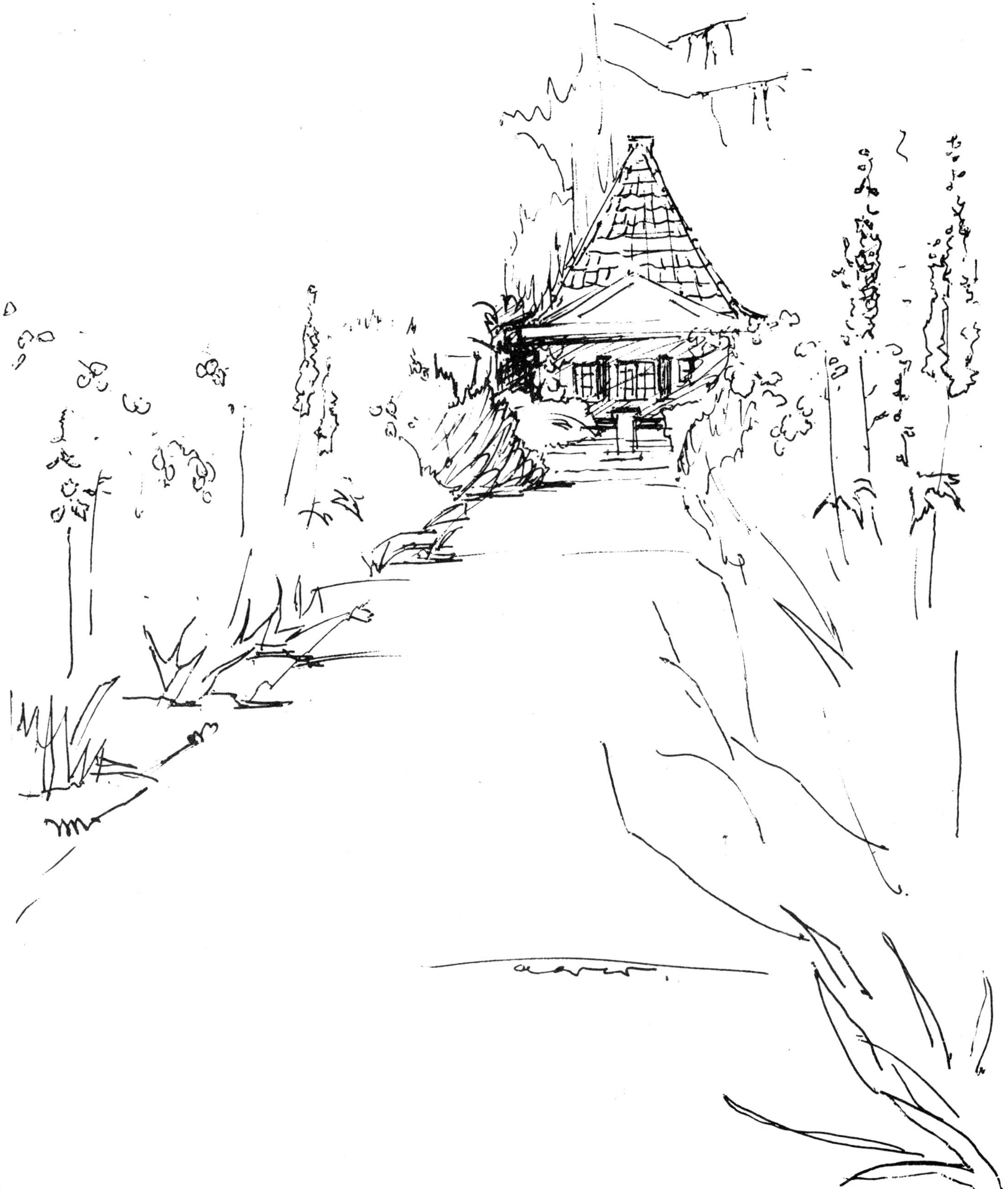

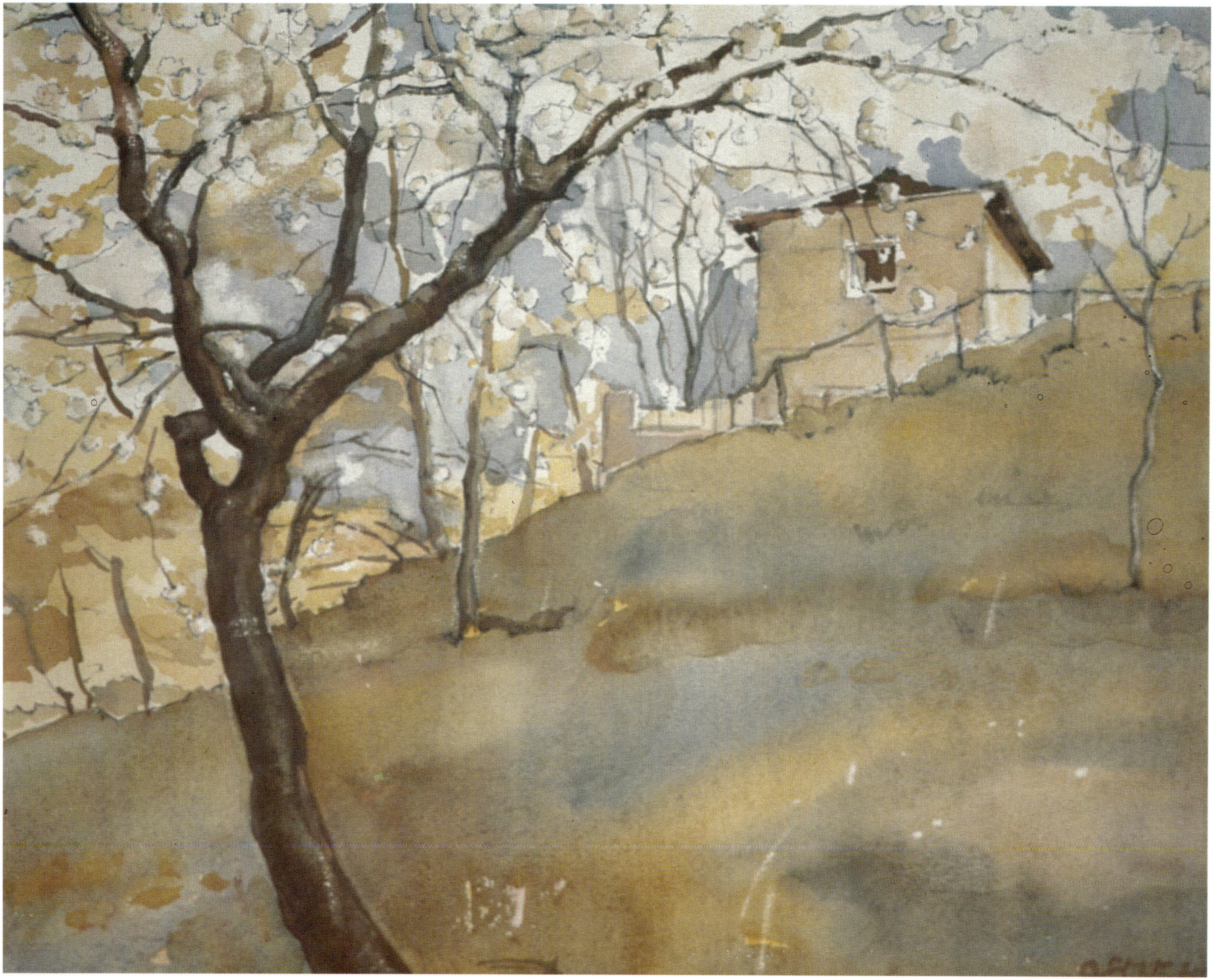

Natürlich, ein neues, zeitgemäßes Bamberg ist auf Dauer unabdingbar, spricht der moderne Mensch in dir, kein Wunder, daß Kreisler sich nicht mehr so recht auskennt. Und auf einmal kommt dir die Schleusenbrücke von Mühlwörth wieder in den Sinn und der alte Kanal mit seinen urigen Kranen. Für ihn war selbst das doch seinerzeit unvorstellbare Zukunft, wird dir auf einmal klar. Und, wie für alle Ewigkeit gemeißelt, gegossen, geschmiedet, voll funktionsfähig, ist es längst museale Vergangenheit. Wie lange noch, und all das, was man hier so emsig geplant, gebaggert und errichtet hat, ist wieder ein Relikt aus ‚uralten' Zeiten! Wird man es dann aber auch etwas wehmütig bestaunen oder gar unter Denkmalschutz stellen?

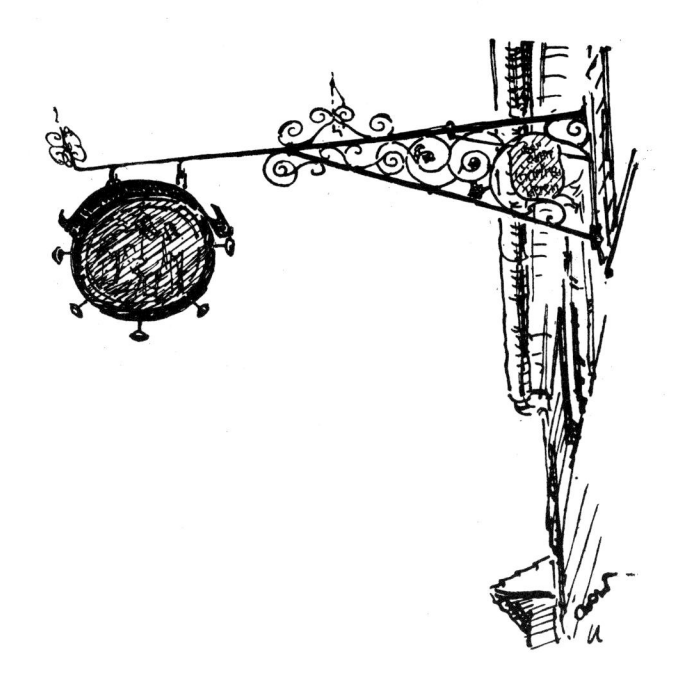

Du verscheuchst solche fruchtlosen Gedanken, wendest dich nordwärts an Großgärtnereien und Siedlungen vorbei und beginnst dich erst in der ‚Wunderburg' weniger fremd zu fühlen. Hier fangen sie an, die langen Zeilen der Gärtnerhäuser, eingebettet in fruchtbares Ackerland, von wo einheimisches Gemüse seinen Weg nimmt auf den Markt und in das Umland. Auch das ist altes Bamberg, ein sehr wesentliches sogar. Da machen die ‚Zwiebeltreter' ihrem Namen die Ehre, während auf den Bergen die ‚Häcker' dem kargen Boden das Beste abzuringen versuchen.

Im ‚Keesmann' trinkst du ein Bier, näherst dich der ‚Theuerstadt', wo du ebenfalls einkehrst. Man geht hier zwar noch nicht so sorgfältig mit dem Alten um, wie in der Berg- und Inselstadt, verständlicherweise, doch entdeckt der Beschauer auch da eine Menge verborgener Schönheit. Und du ertappst dich dabei, den seltsamen Freund wieder herzuwünschen. Weil du ohne ihn doch recht müde geworden bist und auch die Sonne sich bedenklich neigt, beginnst du, wider besseres

Wissen, nach ihm zu fragen und ihn zu beschreiben. »Mach ka Zeuch«, sagt die Kellnerin im ‚Spezial', »södda Leut kumma bei uns net nei!« Und eine alte Gärtnerin, dem Habitus nach wohl die letzte »Humsera«, der dein Gerede auf die Nerven geht, verweist dich schließlich auf das neue Gärtnermuseum in der Mittelstraße: »Do is fei des ganza olda Zeuch zammgädroong, do müssdä noochfrong, Masdä, die wissn's bäschdimmd. Obä do is fei ezäd aa scho g'schlossn!« Also wieder nichts.

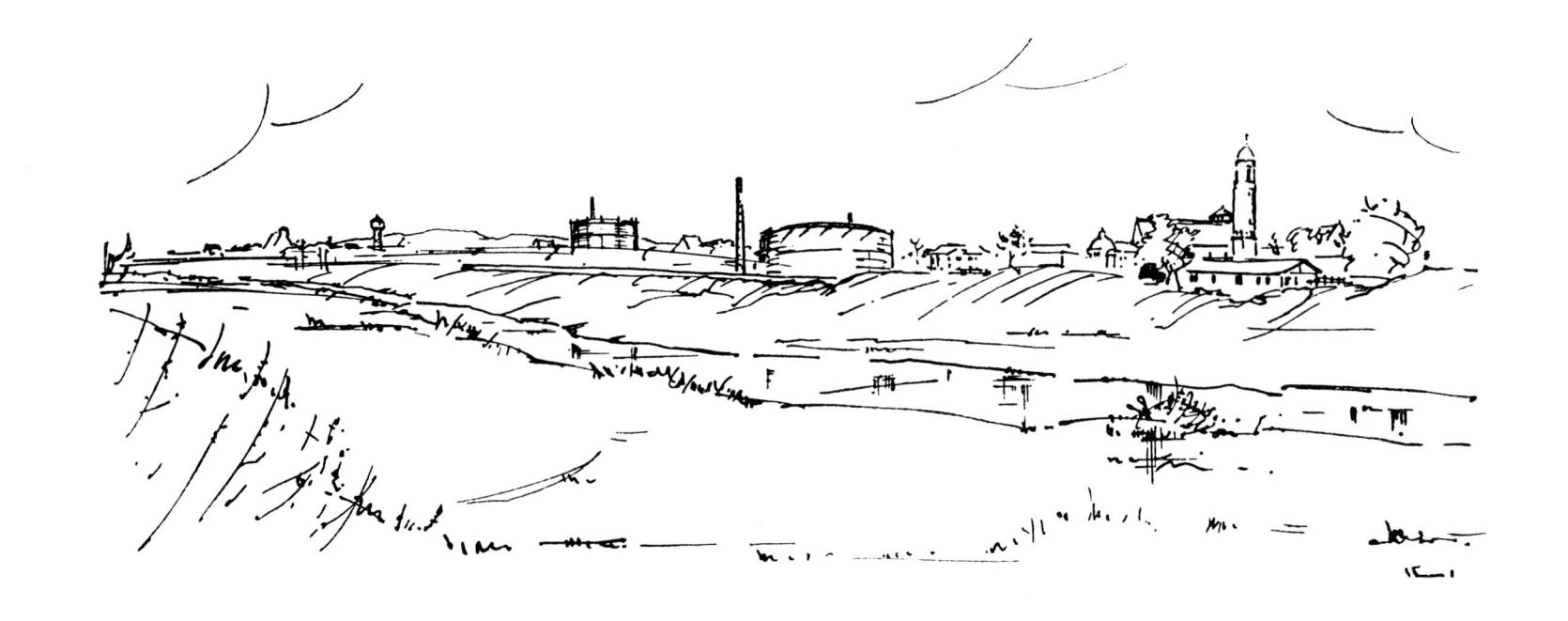

In der Manie, Kreisler um jeden Preis wiederzufinden – nur das erhält dich noch aufrecht – wendest du dich endlich erneut der Inselstadt zu, kommst gerade zurecht, als die letzten paar Marktfrauen ihre Stände zusammenpacken und fährst fort, alle möglichen Gaststätten abzusuchen.

Alles umsonst; das Merkwürdige, Zeitlose, Spukhafte will sich nicht mehr einstellen. Stattdessen erlebst du die Bamberger am Ende ihres Alltags, ganz normale Leute wie überall woanders auch. Die Geschäfte schließen, der Feierabend beginnt; allmählich beruhigt sich auch der Straßenverkehr. Schließlich bist du geneigt, die meisten Erlebnisse des vergangenen Tages als unwirklich in das Reich deiner Phantasie zu verweisen.

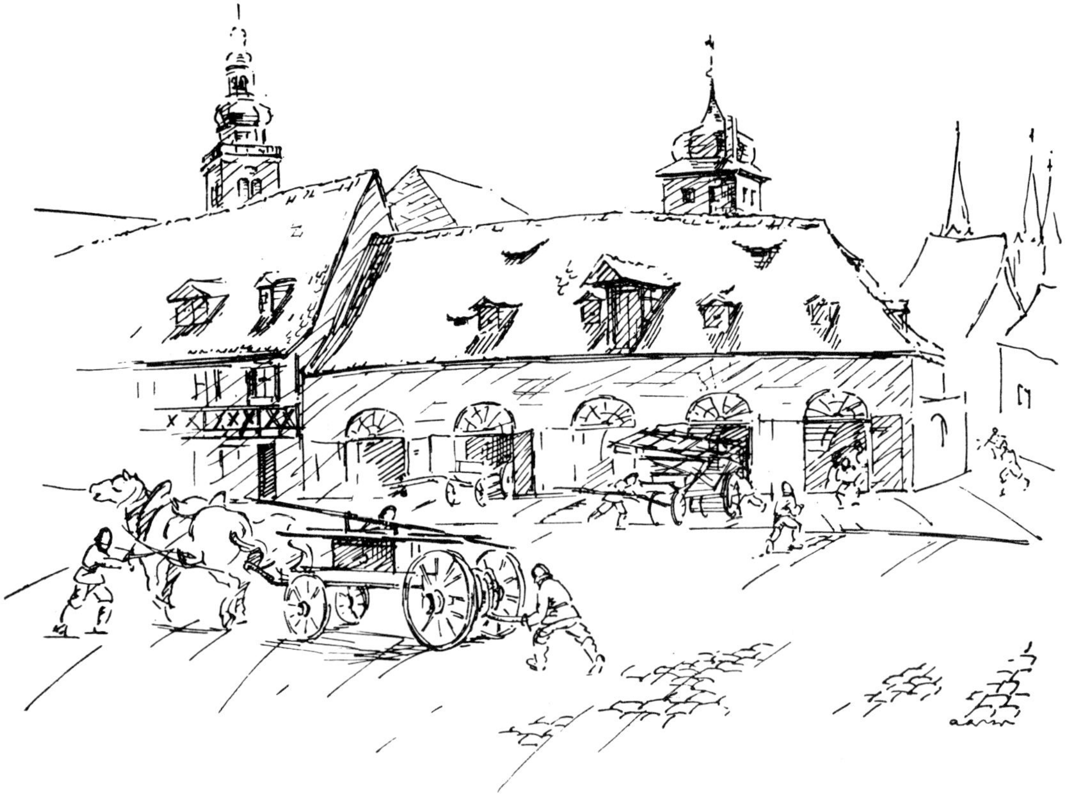

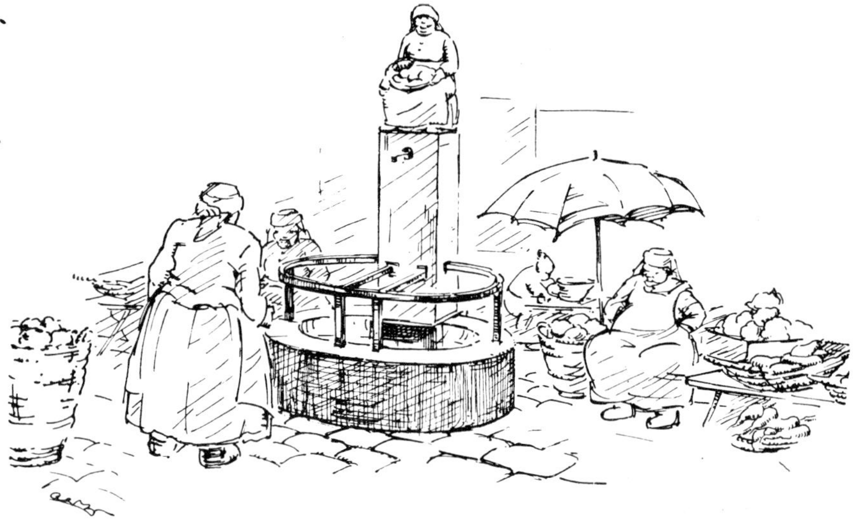

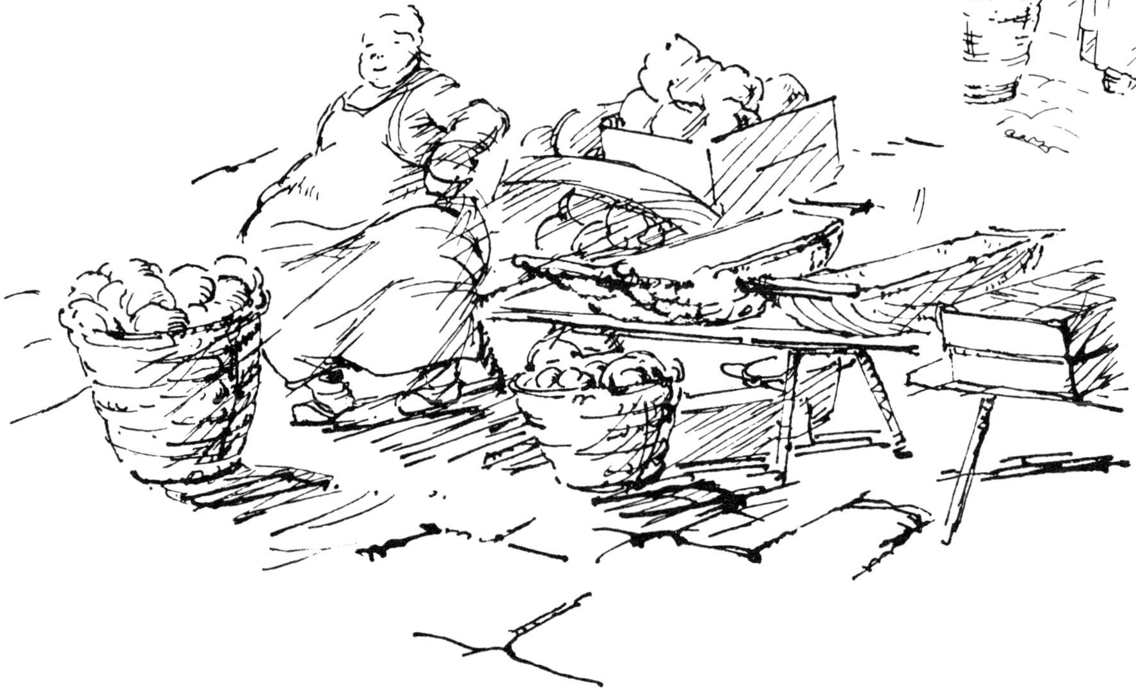

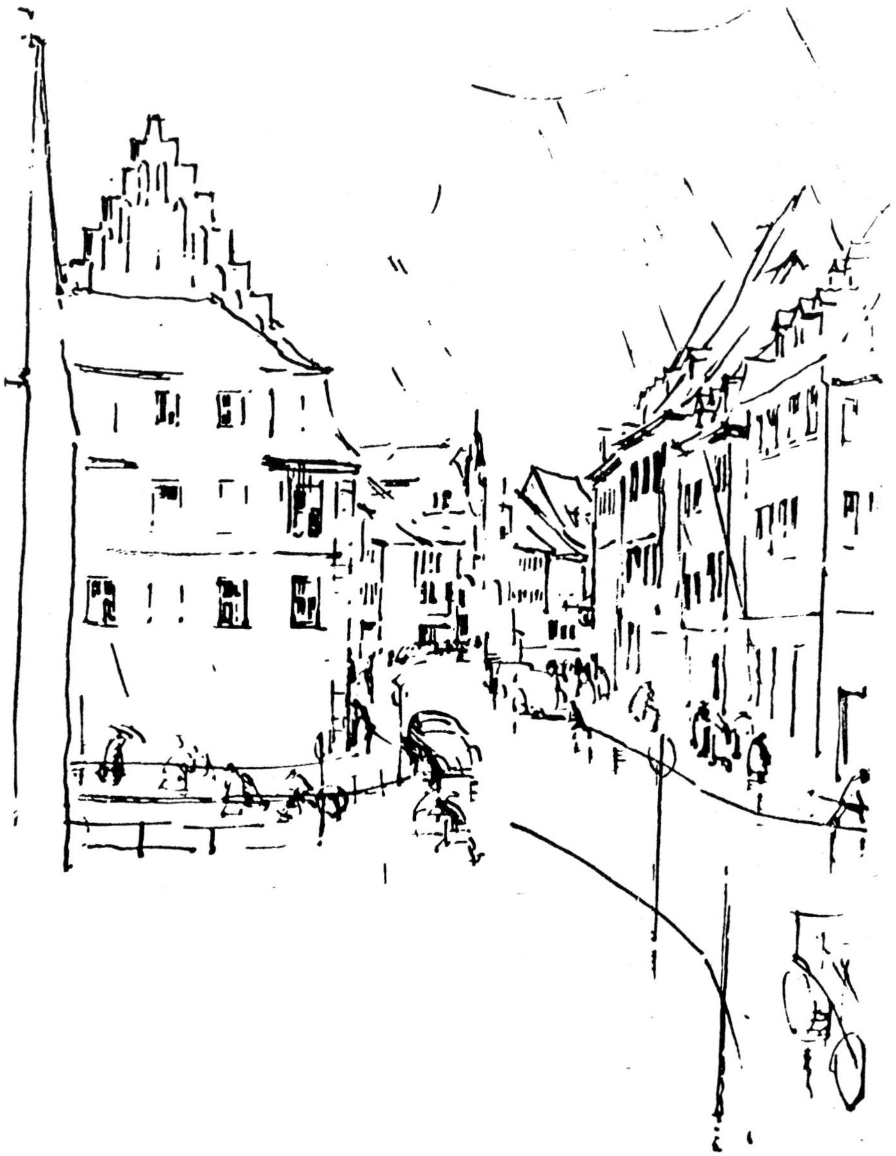

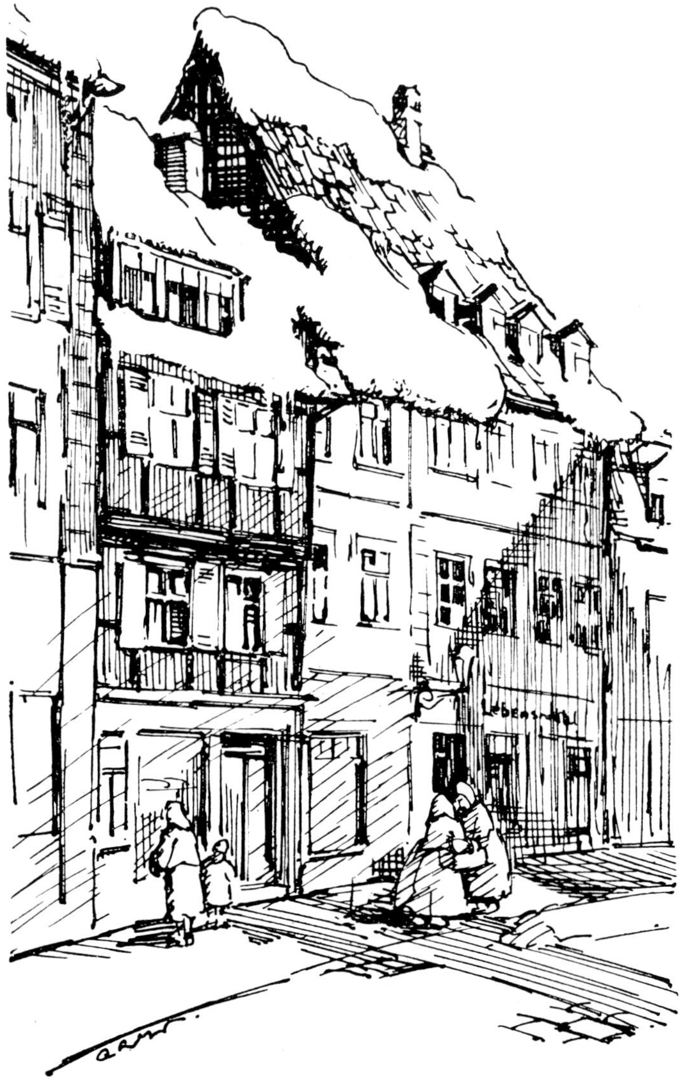

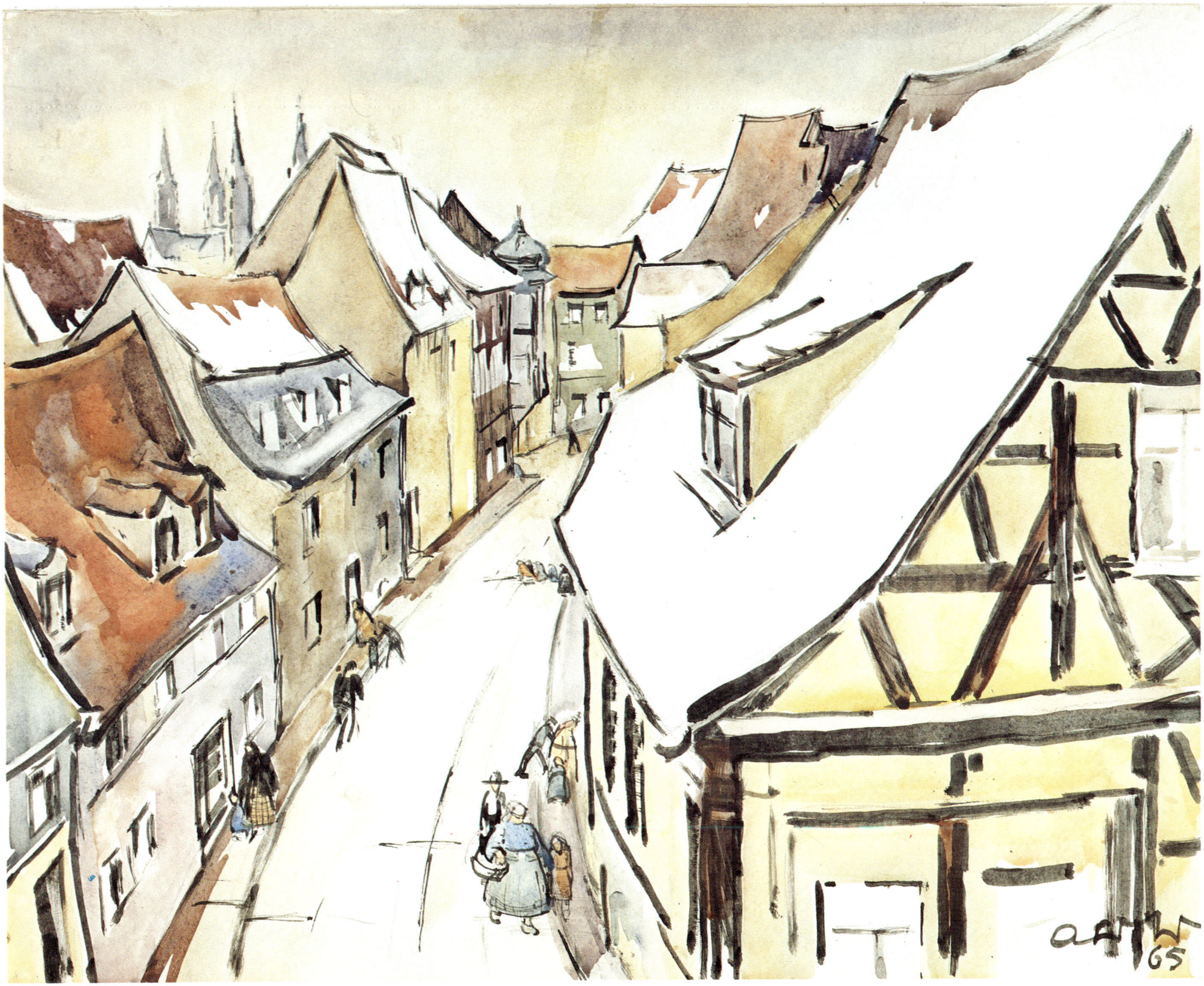

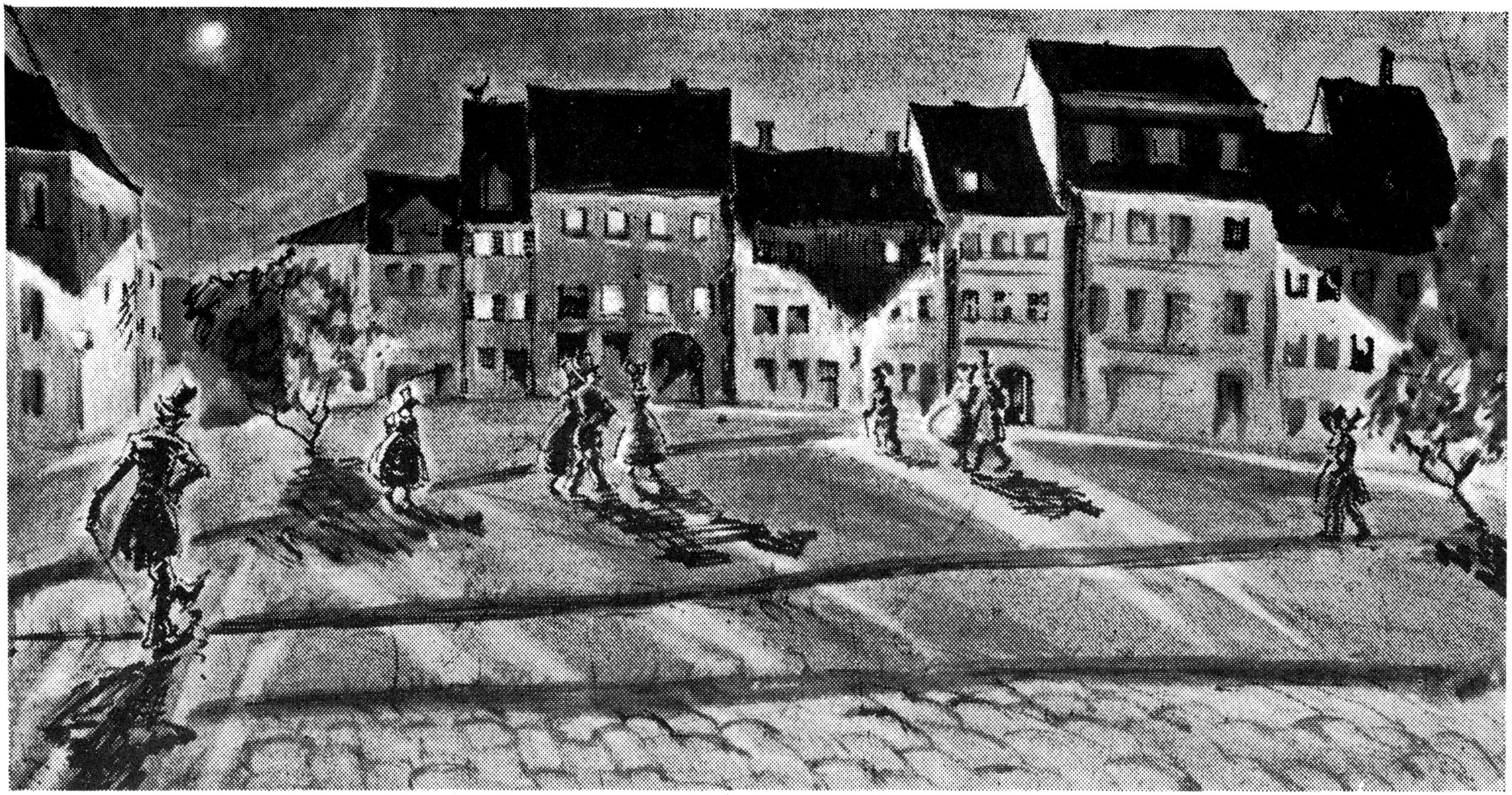

Auf einmal ist es dämmrig, dunkel, und zu guter Letzt völlig Nacht geworden. Ganz plötzlich, als ob die Zeit, diese launische Freundin, nun alles wieder nachgeholt hätte, was dir heute vorgegeben war. Nachdem die Bamberger, jung wie alt, zielstrebig ihre zahlreichen Stammlokale aufgesucht haben, schlenderst du immer noch planlos durch die Gassen und kommst dir ziemlich einsam und verloren vor, ganz davon abgesehen, daß deine Beine vom vielen Herumlaufen anfangen scheußlich weh zu tun.

Der Schillerplatz ist hell erleuchtet, Autos füllen ihn aus, im Theater hat die Vorstellung längst begonnen. Da es zu spät ist, noch eine Karte zu erstehen – der zweite Akt ist bereits im Gang und du bist in keiner Weise mehr aufnahmefähig – setzt du dich in die ‚Harmonie', die alte ‚Theaterrose', und bestellst einen, wie du dir versicherst ‚allerletzten' Schoppen, stierst lange Zeit vor dich hin...

»Ich sehe, Ihr habt mich vermißt...«. Kreisler, endlich! Der vertraute Klang elektrisiert dich förmlich. Aber wo ist er? Du sitzt ganz allein in der Nische und hast ihn doch deutlich gehört. Spricht er etwa aus dir selbst, hat sich der Teufelskerl am Ende in deinem eigenen Kopf häuslich eingenistet? »Ich sehe mit Betrübnis, wie sehr Ihr mich vermißt habt!« Kein Zweifel, er ist's. »Glauben Sie nicht, wir hätten auf dero Empfinden keine Acht mehr genommen, glauben Sie das nicht! Sogar dort, wo immer noch ‚Mierschig' und ‚Keesköhl' wächst, habt Ihr nach uns gesucht... Es ist schon fatal genug, daß wir Euch in Bug verlassen und mitsamt der Zeche...«. Du winkst ab, das hast du längst verschmerzt. »Gewiß! Aber laßt Euch erklären: Mit aller Gewalt hatte mich doch meine Zeit wieder in den Krallen, der Wein, er tat das seine – ich bin nicht mehr so viel gewohnt – kurz, eine höchst exaltierte, exotische Stimmung ist die Folge... Julien wiederzufinden, meine unsterbliche Muse, mein inniggeliebtes Käthchen, das engelgleiche Kind, mach' ich mich auf und laß' – es ist wirklich zu arg – laß' euch in Eure eigne Zeit entschwinden! Indes Ihr mich vermißt, bin ich doch wieder auf schnöder Suche nach einem Glück, das mir nicht zusteht und gottlob nie eingetreten ist. O Dämon, Satanas in mir! Ach was, der alte, unverbesserliche Ochs!!« Er bricht in ein unheimliches Gelächter aus. »Da habt Ihr's. Ich ende wie stets im Nichts, im Vakuum, in acherontischer Finsternis. Und als ich endlich, langsam, zu mir komme und Euer mich entsinne, find' ich doch den rechten Weg zu Euch nicht mehr! Nun, tröst' ich mich, hab' ich denn überhaupt das Recht, Euch dauernd alte Zeiten vorzugaukeln? Nein, nein, nein!! Ihr lebt in Eurer Zeit, und trauert schließlich meiner nach: Höchst absurde, ganz unmögliche Situation! Und so beschloß ich denn, Euch nicht mehr nachzufolgen und ich beschwor's sogar bei Sankt Caecilien.

... Das, Freund, mußt' ich Euch aber noch erklären. Und Abschied nehmen, einen Schluß zu diesem Satyrspiele finden... Ei der Daus! Ist nicht der nüchterne Verstand eine wahre Himmelsgabe? Hier, wo Mozarts, Calderons und Kleistens Werke unter unserer Assistenz einem höchst erbauten Publico dazumal geboten wurden, von eigenen, bescheidenen Beiträgen ganz abzusehen, hier konnt' ich Euch füglich erwarten, ohne meinen Schwur zu brechen! Denn daß Ihr kommen würdet, wußte ich.« Er schweigt wieder eine ganze Weile.

»Ein Letztes noch: Gar nicht so lang ist's her, da galt bei euch die alte Zeit den meisten nur als Hindernis in eure Zukunft. Eine Stadt wie jede andere sollt's am liebsten sein, freie Bahn überall für eure Benzinkutschen, fort mit dem alten Schnickschnack an den Häusern, sachlich, nüchtern, he?!«

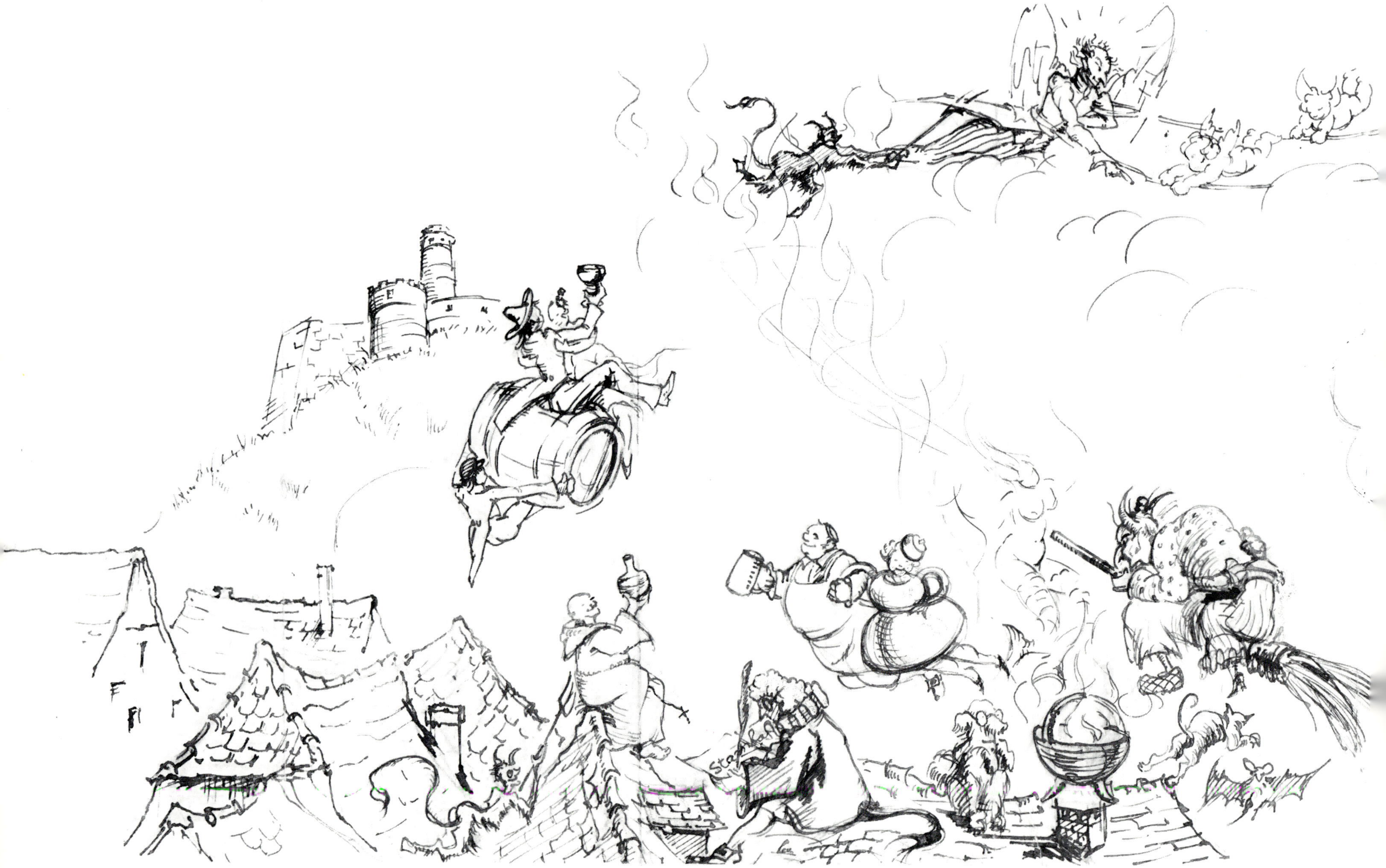

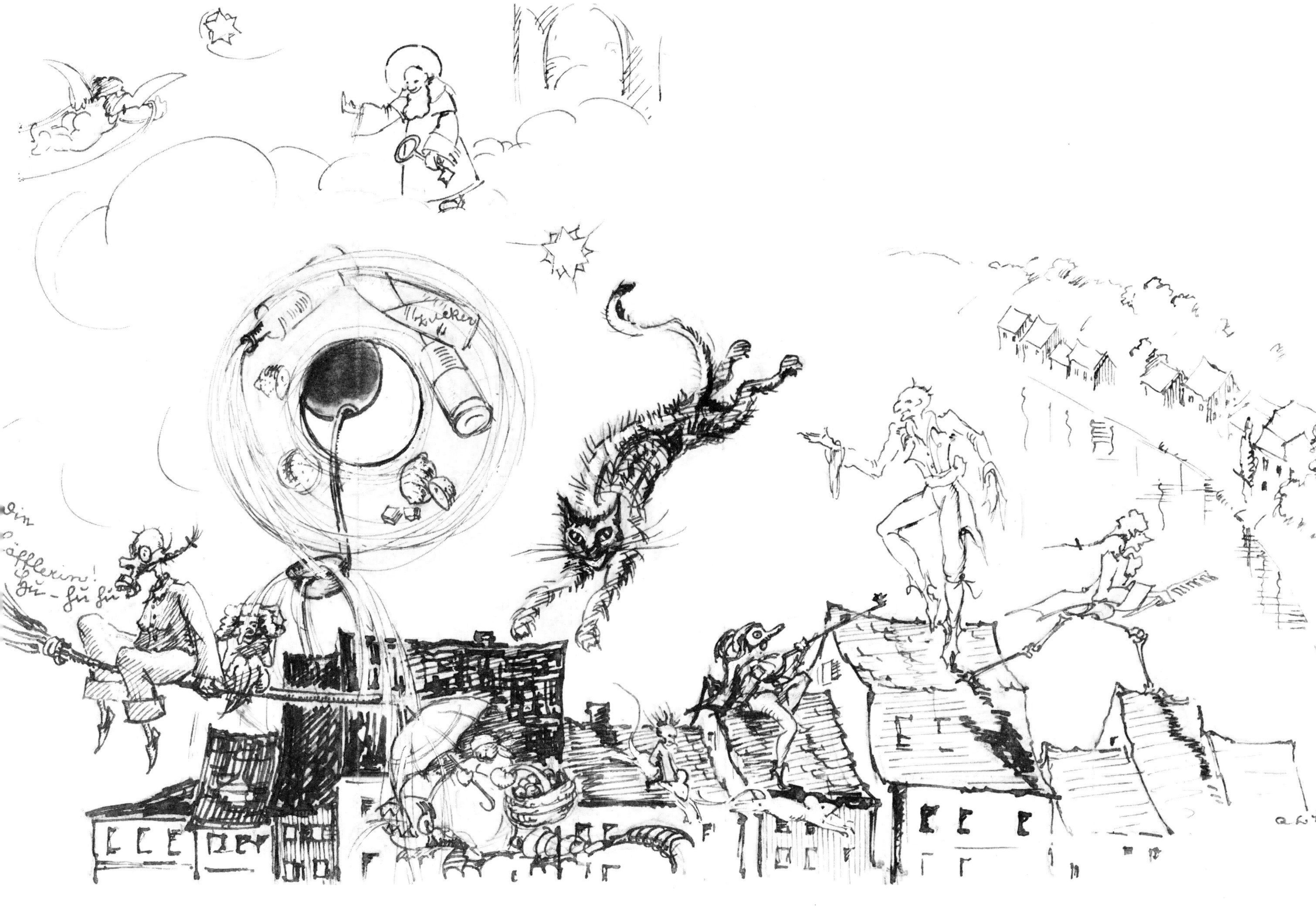

Zucker
Hü – hü hü

Du fühlst dich nicht betroffen, willst du sagen. »Ei freilich! Ihr habt begriffen, Ihr seid inzwischen klüger geworden, ich renne off'ne Türen ein. Mein Bester, ihr dürft, ihr müßt sogar in euerer Zeit leben. Ihr könnt es sehr gut, besser als wir. Schafft weiter Neues, aber nicht auf Kosten jenes Alten, das euch trägt und immer neue Nahrung ist für eure Phantasie... Brüderlein fein, he, capiert? Einen Punsch für den Herrn und mich, ma più presto!!« Nur noch bruchstückweise dringt die Stimme in dein angeschlagenes Bewußtsein vor. »...Undinen, mein Lieblingskind ... mit innigem Vergnügen ... da ist er ja ... exzellent wie eh ... sollst leben, Freund, prosit! ... Leben ... leben!« Immer leiser ist die Stimme geworden und verklingt in der Ferne.

»Polizeistunde, der Herr!« Nur ganz allmählich kommst du zu Bewußtsein. »Ist denn die Vorstellung schon aus?« »Scho lang, die letztn Gäst sän scho längst dahamm!« Du willst zahlen. »Is scho bezohlt!« »Der Punsch auch?« »Etz genn Sie zu, um die Johreszeit gibt's doch kan Bunsch, heilichä Gott!« Man sieht dich recht merkwürdig an, und so fragst du gar nicht erst, wer denn nun eigentlich bezahlt habe, stehst auf, siehst an der Wand hinter dir seine Büste stehen und gehst unsicheren Schrittes zur Tür. »Kumma Sie fei gut ham!«, ruft man dir besorgt nach. Wo ein Taxi zu kriegen sei, fragst du im Hinausgehn. »Do gänn Sie dreimoll um die Eggn, no'n Gobelmoo, gud Nachd!«

Der Schillerplatz draußen erscheint dir reichlich mysteriös, als hättest du wirklich Punsch getrunken. Steht da nicht schon wieder ...? Hol's der Teufel, nein! Hoffmanns Gestalt schon, aber die ist und bleibt aus Bronce, Gottseidank! Und an einem Haus in der ‚Langen Straße', waren das nicht eben die Töne eines uralten Klaviers, einer zarten Mädchenstimme ...? Unsinn, jemand hat wohl am Radio gedreht. Du gehst durch die Passage am Wallensteinhaus. Natürlich, aus dem Keller da unten könnte es gekommen sein.

Am Gabelmann angelangt – auch er scheint übrigens nicht mehr so nüchtern wie gestern – setzt du dich, völlig erledigt, endlich auf die Steinplatten, und die Augen wollen dir zufallen. Halt, das Taxi! Dort steht's doch. Schnell hinein, bevor die Turmuhr wieder schlägt und du aufs neue zu träumen beginnen könntest ... Ade, lieber Freund, behalte Bamberg in bester Erinnerung!

Postscript eines reisenden Enthusiasten anno 198*

In Bamberg findet man eine bundesüberdurchschnittliche Anzahl von Leuten, die sich neben einer blühenden Phantasie ausreichenden Sinn für die realen Dinge des Lebens bewahrt haben. Deshalb braucht man sich um die Zukunft dieser schönen Stadt im Herzen Europas wohl doch keine allzu ernstlichen Sorgen zu machen.

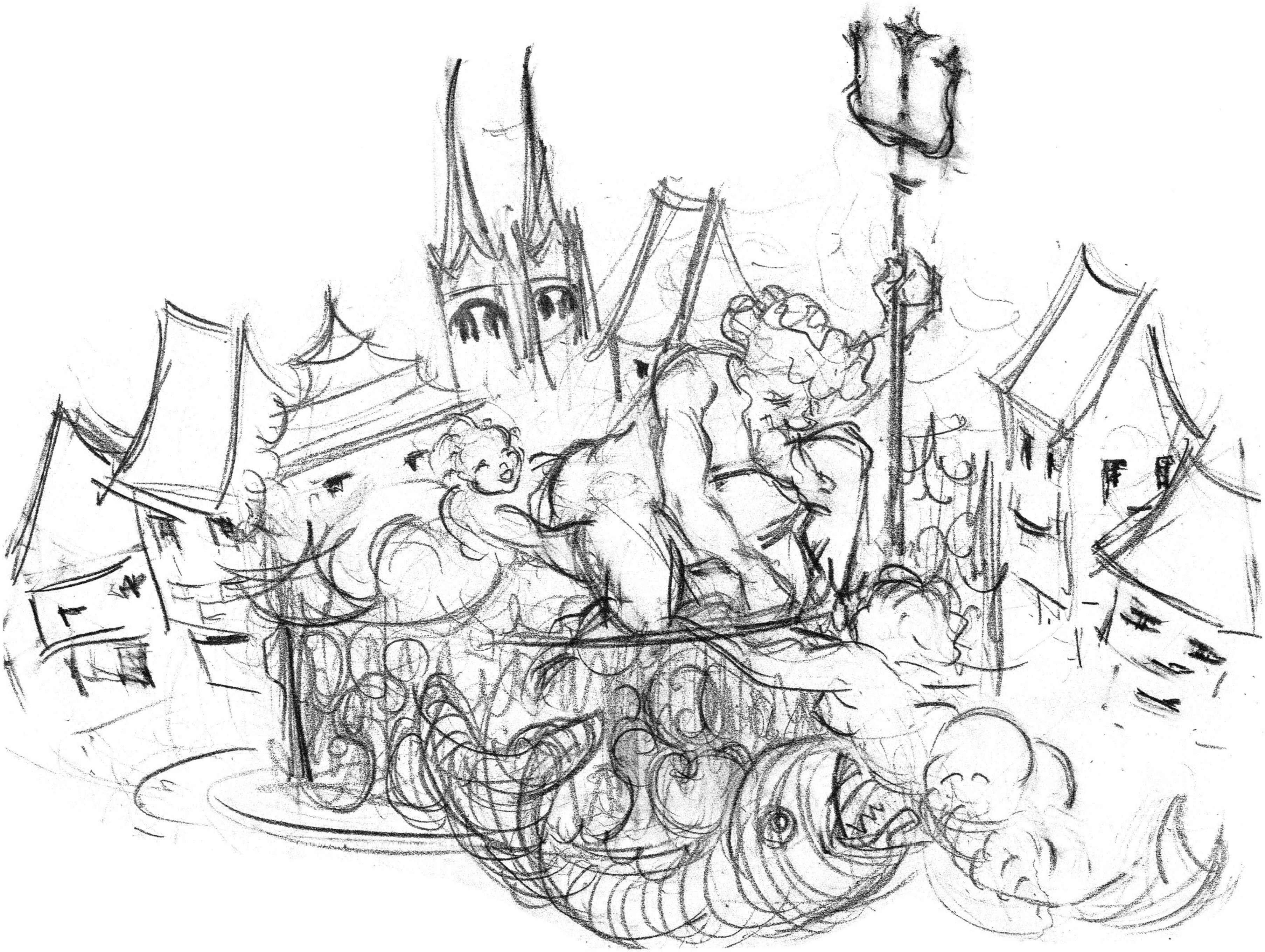

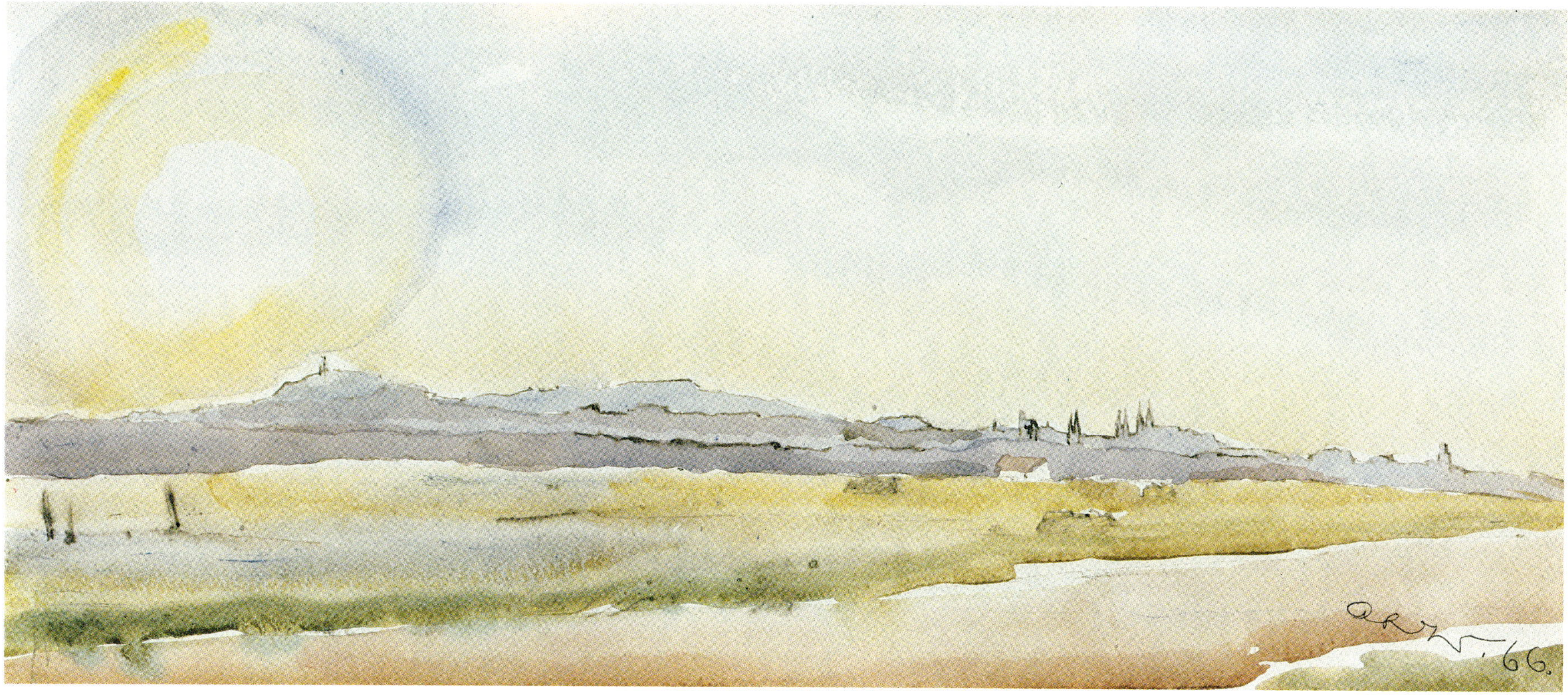

ANHANG

Erläuterungen zum Begleittext:

Zu Seite

15 Die Phantasiefigur des Kapellmeisters Johannes **Kreisler** war eine Lieblingsgestalt Hoffmanns, mit der er sich weitgehend identifizierte, der Prototyp des romantischen Künstlers, in ständiger Konfrontation mit der spießbürgerlichen Gesellschaft. Man könnte Kreisler durchaus legitim als gebürtigen Bamberger bezeichnen, denn hier ist er 1810 dem Haupte seines Schöpfers entsprungen und hat diesen fortan nicht mehr verlassen. Doch mit H.'s Tod war Kreisler nicht etwa gestorben: Er wirkte weiter und vermittelte das geistige Erbe seines Urhebers. Man denke nur an Richard Wagner, der übrigens – seltsames Spiel des Zufalls? – auf den Tag genau in Leipzig zur Welt kam, als H. dort eine Kapellmeisterstelle übernahm. Daß Wagners Genius sich der Musik zuwandte, war unbestreitbar später Kreislers Verdienst, desgleichen der revolutionäre Klavierstil eines Robert Schumann. 1838 nannte dieser eine Reihe kühner Phantasiestücke „Kreisleriana". Die Beispiele von Kreislers Wirken ließen sich bis in unser Jahrhundert weiterverfolgen. Und daß er noch immer am Leben ist, wage nunmehr niemand zu bezweifeln ...

16 Auf nachdrücklichen Wunsch der amerikanischen Besatzung wurde kurz nach dem Krieg das innerlich ausgebrannte Gebäude der **Alten Maut** völlig abgerissen, angeblich wegen „Einsturzgefahr". Damals wurde an die Bevölkerung nur dünnes, praktisch alkoholfreies Bier ausgeschenkt.

18 Bamberg besaß um den ersten Weltkrieg herum ein paar **Straßenbahnlinien.** Eine davon ging durchs alte Rathaus. Die Schienen waren teilweise noch bis in die dreißiger Jahre vorhanden.

18/20 H., 1776 im ostpreußischen Königsberg geboren und mit einer Polin katholisch getraut, fühlte sich wie viele Romantiker sehr zum röm.-kath. Ritus hingezogen. Seine Teilnahme an **Prozessionen** und anderen Feierlichkeiten ist verbürgt. Er schrieb zahlreiche wertvolle Kirchenmusiken, von denen leider die wenigsten zu seinen Lebzeiten aufgeführt wurden.

21 Die nach 1945 nicht mehr aufgebaute untere Mühlbrücke hieß im Volksmund „**Ochsenklavier**", da sie in alten Zeiten häufig von Mehlsäcke transportierenden Ochsenkarren überquert wurde. Mit viel Phantasie konnte man dabei Töne wie bei einem riesigen „Xylophon" heraushören.

25 Die Kirche des 1803 aufgelösten Dominikanerklosters diente zeitweilig durchziehenden napoleonischen Truppen als Notunterkunft und **Pferdestall.** Fast 1½ Jahrhunderte völlig verkommen, wurde sie erst Jahre nach dem letzten Krieg als „Kulturraum" hergerichtet und steht hauptsächlich den Bamberger Symphonikern zur Verfügung. Der dahinterliegende Klostertrakt an der Regnitz wurde jüngst mustergültig restauriert.

27 H. war bis zur Niederlage Preußens 1806 in Posen, Plock und Warschau als Beamter tätig. Wenn ihn der Geschmack des **Bieres** an jene Zeit erinnert, könnte das eine Theorie bestärken, derzufolge das Rauchbier früher bereits in Osteuropa gebraut worden sein soll.

„**Konrektor Paulmanns Sanitätsknaster**" ist eine Reminiszenz an H.s berühmtes Märchen „Der goldene Topf". (Hierzu hatte ihn übrigens auch ein origineller, als „Apfelweib" geformter Türknauf in der „Eisgrube" inspiriert.) Es entstand in Leipzig und **Dresden** 1813/14, wo H. im Anschluß an Bamberg lebte. Die Jahre von Ende 1814 bis zu seinem Tod 1822 verbrachte er in **Berlin,** wo er als Kammergerichtsrat wieder in den Staatsdienst übernommen wurde und seine literarischen Hauptwerke schrieb. Daß in seinem letzten Frack noch ein paar Geldstücke stecken könnten, ist allerdings unbeweisbar!

29 Der verstorbene ehem. Bamberger Stadtrat Franz **Albinger** war maßgeblich an der Wiedereinführung der Sandkirchweih beteiligt. Außerdem hat er sich größte Verdienste als Gründer des „Bühnenvolksbundes" erworben, dem wir letztlich die Wiederherstellung des später nach H. benannten Theaters zu danken haben. Bei einem historischen Festzug anfangs der fünfziger Jahre trat Albinger einmal im Kostüm H.s in Erscheinung.

30 Die Reiterstatue von Prinzregent **Luitpold** stand noch in den dreißiger Jahren mitten auf dem Domplatz, desgleichen (vor der Hofhaltung) die Figur des Fürstbischofs Franz Ludwig von Erthal. Letztere hat man jüngst erst vor die neue AOK in der Pödeldorferstraße versetzt. Ein gütiger Zufall hat beide im Krieg zum Einschmelzen vorgesehene Denkmale erhalten. Luitpold, ein Enkel von Bayerns erstem König Max Josef, war der Onkel Ludwigs II. und seines im Wahnsinn gestorbenen Bruders Otto, für den er die Regentschaft führte.

In H. s sächsische Zeit fällt die Völkerschlacht von 1813. Marschall **Berthier** war mit einer Tochter Herzog Wilhelms „in Bayern" vermählt, dem Haupt einer wittelsbachischen Nebenlinie, die damals in Bamberg und auf dem Schloß Banz residierte. Die Stelle von Berthiers tragischem Freitod, nach Napoleons endgültiger Niederlage 1814, ist durch eine Gedenktafel an der Residenz-Nordseite gekennzeichnet.

32 Unter dem allmächtigen Grafen **Montgelas** bekam Bayern seine heutige Größe und war Königreich geworden. In den Jahren nach der Säkularisation wurde in Bamberg durch Abbruch der alten Martinskirche der heutige Maxplatz, an der Schranne durch Abbruch der Annakirche der Theresienplatz geschaffen. In den folgenden Jahrzehnten sind noch manch andere Bauten (z.B. das Kapuzinerkloster) verschwunden.

33 Die herausragenden **Quader** an der Neuen Residenz erinnern daran, daß hundert Jahre zuvor einmal der Plan bestand, einen symmetrischen Südflügel anstelle der alten Hofhaltung zu errichten. Dem Scheitern dieses Planes verdankt unser Domplatz seine Einmaligkeit.

34 Die „Reinigung" des Doms durch Entfernen der vielen barocken Einbauten und Ausmalungen begann unter Ludwig I. 1826.

H. komponierte 1809 eine, wie er selbst sagt, „gemein sentimentale" Festmusik zum Namenstag der Prinzessin und war darauf mehrmals **bei Hofe** und als Musiklehrer der herzoglichen Familie „genehm geworden".

35 **Kater Murr**, neben Kreisler in H.s spätem und unvollendetem Hauptwerk die Titelfigur, hatte in Gestalt eines echten Katers ein lebendes Vorbild. Als ihm dieser gestorben war, verschickte der Tierfreund H., ein halbes Jahr vor seinem eigenen Ende, an die Freunde eine rührende Todesanzeige.

42 In Verehrung zu Mozart hatte H. seinen dritten Vornamen Wilhelm in **Amadeus** umgewandelt. Das Zitat über Mozart ist authentisch. Die in heutiger Sicht als „Klassiker" dastehenden Großmeister wurden damals durchweg „romantisch" aufgefaßt (s. dazu H.s Text auf S. 26).

46 Dr. Adalbert Friedrich **Marcus**, ein jüdischer Arzt, war unter Erthal als Leibarzt und Leiter des damals neuerrichteten Krankenhauses hierher gekommen. Nach Ende des Hochstifts erwarb er sich weiter größte Verdienste um Gesundheitswesen und soziale Sicherheit, wohl die bedeutendste Gestalt in Bamberg jener Jahre. Zur Grundlagenforschung der späteren Psychotherapie haben er und sein Neffe Dr. Speyer wesentlich beigetragen. Daneben war Marcus Freund und Förderer der Künste. Als Besitzer der Altenburg hat er sie jahrelang vor dem Verfall bewahrt und teilweise bewohnbar gemacht. H. gehörte zu seinem engsten Kreis und hauste manchmal tagelang auf der Burg, wo er sich ein Turmstübchen einrichtete. Marcus wurde 1816 auf eigenen Wunsch vor seiner Altenburg beigesetzt. Es gehört zu den beschämendsten Kapiteln in Bambergs neuerer Geschichte, daß ein paar fanatisierte Nazis das Grab zerstört haben. . . . Kreislers Zorn ist daher absolut verständlich.

61 Der **Rothof** war bis in die Nachkriegsjahre ein malerisches Gehöft auf der Anhöhe zwischen Michelsberger Wald und Wildensorger Straße. Er verfiel und wurde schließlich abgerissen.

Carl Friedrich **Kunz** war – bei näherer Betrachtung gar nicht so abwegig! – gleichzeitig Weinhändler und Buchverleger. Er lebte im „Haus zum Marienbild", einem erst vor mehreren Jahren abgerissenen gotischen Bau am Fuße des Kaulbergs. Seine Weine lagerte er in den Kellern des ehem. Katharinenspitals, Ecke grüner Markt/Maxplatz, seit langem schon im Besitz der Familie Krackhardt. In diesem großartigen, von Balthasar Neumann errichteten Gebäude finden dank Initiative des derzeitigen Eigentümers, der selbst Pianist ist, öfters Kammerkonzerte statt. H. hatte bei Kunz familiären Anschluß gefunden und pflegte auch von Berlin aus noch bis 1820 regen Kontakt zu ihm. Kunz hatte die ersten Bände von H.s Dichtungen verlegt und überliefert in seinen Erinnerungen viele Einzelheiten über dessen Bamberger Zeit.

Gräfin **Rotenhan** unterhielt in ihrem Palais (Kapuzinerstraße 25) einen literarisch-musischen „Salon" für die damalige „bessere Gesellschaft", wo H., manchmal auch als „Bürgerschreck", regelmäßig zu Gast gewesen ist.

Die Universität Bamberg, ursprünglich eine Jesuitengründung, war 1803 aufgelöst worden. Die Zentralgebäude der wiedergegründeten **„Alma mater"** befinden sich heute in dem Bereich zwischen Kapuzinerstraße und der jetzigen Martinskirche.

63 Der **Ochse** am alten Schlachthaus (am Kranen): links und rechts davon kann man eine freie barocke Nachdichtung der lateinischen Inschrift entziffern:

> Sogleich ein Ochß, und nicht vorher ein Kalb zu seyn
> ist gegen die Natur, doch trifft es bey mir ein.
> Da mich des Künstlers Hand zum Ochsen hat gemacht
> Ehr(=ehe) ich in Kälberstand von der Natur gebracht.

(Lateinern unter den Bambergfreunden sei als Testaufgabe die wörtliche Übersetzung des Originaltextes vor Ort empfohlen).

65 Der alte **Ludwig-Donau-Main-Kanal** von 1846 mündete bei Bughof in die Regnitz und verlief zuletzt durch den linken Arm des Flusses. Auf der Bergseite wurden die Lastkähne von Pferden gezogen (daher „Leinritt" genannt). Wegen der vielen Mühlen im Altstadtbereich mußte der Kanal aber bis zum alten Rathaus nochmals durch den Nonnengraben umgeleitet werden, wofür zur Überwindung des Gefälles diese letzte Schleuse nötig war. Die vielen Kranen zwischen Nonnenbrücke und altem Schlachthaus zeugen davon, daß in diesem Bereich einst Bambergs „Hafen" lag.

66 Nach Vollendung des jetzt „Böttingerhaus", früher auch „Prellshaus" genannten Palais in der Judenstraße, ließ derselbe Bauherr, Hofrat Tobias **Böttinger**, um 1720 das zweite Palais am Wasser errichten. Im vorigen Jahrhundert Besitz einer Bürgervereinigung namens „Concordia", ging diese Bezeichnung auf das großartige Gebäude über. Bis zum letzten Krieg war es samt Gartenterrasse noch der Gesellschaft zugänglich. Ich bin sicher, daß man sich auf Dauer dem Wunsch nach einer Neubelebung nicht verschließen kann und endlich auch für dieses Juwel den idealen Verwendungszweck finden wird!

Der spätbarocke **„Concordiabrunnen"** am Fuß des Stefansberges wurde erst nach Kriegsende durch ein bedauerliches Malheur zerstört: ein amerikanisches Fahrzeug stieß in der Kurve dagegen. Leider hat man über den Sorgen der Nachkriegsjahre versäumt, ihn wiederzuerrichten. (Vielleicht sind noch Fragmente erhalten?)

Von seiner Wohnung am jetzigen Schillerplatz (damals noch Zinkenwörth genannt) unternahm H. zeitweise fast täglich einen Spaziergang nach **Bug**, wo er am liebsten alleine seinen Gedanken, Gefühlen und künstlerischen Inspirationen nachhing.

69 Öfters begleitete ihn dabei der Hund des Gasthauses zur Rose (siehe Bem. zu S. 81). Dieses Tier gab den Anstoß zu der Erzählung „Nachricht von den neuesten Schicksalen des Hundes Berganza" aus „Phantasiestücke nach Callots Manier". Der Ur-**Berganza** entstammt einer spukhaften Novelle des altspanischen Dichters Cervantes. Er wird von Hexen mit einer teuflischen Salbe eingerieben und kann seitdem nicht sterben. In seiner skurrilen Erzählung läßt sich Hoffmann, in Ich-Form, auf dem nächtlichen Heimweg durch den Hain u.a. von dem Tier Kreislers – also seine eigenen, ins phantastische überhöhten – Erlebnisse im Hause Marc berichten und hat sie sich damit von der Seele geschrieben. (s. Bem. zu S. 81 u. 84)

Die Buger Fähre wurde erst nach Vollendung der neuen Wehrbrücke eingestellt. Bis dahin war der **Kahn** die kürzeste Verbindung für Hainspaziergänger zum ehem. Fürstb. Jagdschloß Bug (heute Cafe Lieb). In diesem Gasthaus war H. jahrelang Stammgast, brachte seine Ideen zu Papier und blieb mit Sicherheit des öfteren die Zeche schuldig.

73 (S. Bem. zu S. 65). Die Schleusentore an der Walkmühle (Schleuse 100) waren noch vor wenigen Jahren – Verfasser kann es persönlich bezeugen – benützt worden.

73/74 Die „Wunderburg" und „Theuerstadt" waren schon in alten Zeiten geschlossene Ortsteile außerhalb der Stadt. Erst nach Bau der Dämme Ende des letzten Jahrhunderts konnten sie mit ihr zusammenwachsen. **„Zwiebeltreter"** wurde zum Spitznamen der Bamberger im allgemeinen: Man muß das Grün der Zwiebel (die „Schluten") durch Treten abknicken, um das Zwiebelwachstum zu verstärken. Häcker nannte man die Gärtner und Bauern im Berggebiet, ursprünglich Weinbauern. (Wahrscheinlich war der Wein gar zu „trocken", weshalb man im vorigen Jahrhundert das Weinprivileg endgültig den Unterfranken überließ und Bamberg sich auf seinen weltweiten Ruf als „Bierstadt" beschränkte.)

75 Die **„Humsera"** (Frau Humser) war ein stadtbekanntes Original. Ihr Name wurde zum Inbegriff einer bodenständigen alten Gärtnersfrau. Das Gärtnermuseum wurde erst vor wenigen Jahren eröffnet. Es bringt viele sehenswerte Einblicke in das Leben der Gärtner um die Jahrhundertwende.

81 Das Gasthaus zur Rose stand zu H.s Zeiten neben dem kurz zuvor errichteten Theater anstelle des jetzigen Restaurants, welches nach einer Honoratiorenvereinigung den Namen **„Harmonie"** bekam. H. verbrachte in der „Rose" viele Abende, er war Mitglied der obengenannten Gesellschaft, das Gasthaus sein „Casino". Das Restaurant wurde nach H.s Zeit neu errichtet und seither mehrmals umgebaut.

Mierschig (Mirschling, Wirsching) = Wirsing, **Keesköhl** = Blumenkohl. H. hatte sich diese lokalüblichen Gemüsenamen eingeprägt. Er verwendet sie noch in einer seiner letzten in Berlin geschriebenen Erzählungen (Meister Johannes Wacht).

Julia (Juliane) Marc, Tochter der verwitweten Konsulin Marc (auch Mark geschrieben) und Nichte von Dr. Marcus (s. Bem. zu s. 46) war H.s große Leidenschaft. Schon ab 1809 seine Musikschülerin, wurde das frühreife Mädchen zum Vorbild für viele seiner literarischen Frauengestalten, wo Julia unter verschiedenen Namen auftritt. Die Verheiratung der kaum Siebzehnjährigen mit einem primitiven Hamburger Kaufmann (nach wenigen Jahren ging die Ehe in die Brüche) war mit ein Grund, daß es H. 1813 nicht mehr in Bamberg hielt. In seinen Tagebüchern nannte er sie „Käthchen", analog zu Kleists „Käthchen von Heilbronn", was hier unter H.s Mitwirkung aufgeführt worden ist.

Die Heilige **Caecilia**, Schutzpatronin der Musik, war H. besonders ans Herz gewachsen. Sein einziges, früh verstorbenes Kind nannte er nach ihr. Im „Berganza" (s. Bem. zu S. 69) läßt er Julia unter diesem Namen erscheinen.

H. war am hiesigen **Theater** als Dirigent (nur zu Beginn), als Bühnenkomponist, daneben auch als Bühnen- und Kostümbildner und als Maschinist tätig. Immer am Rande der materiellen Existenz balancierend und trotz des Titels „Musikdirektor" zeitweilig ganz ohne Honorar arbeitend, hat er sich unter verschiedenen Intendanten stets als die Seele des Unternehmens gefühlt. Die Schilderung der tragikomischen und dennoch so bedeutsamen Frühgeschichte dieses Theaters würde hier den Rahmen sprengen.

84 **Punsch** war eines der Lieblingsgetränke Hoffmanns, womit er gerne seine Nächte beschloß und sich „exaltierte". In Stammlokalen wie der „Rose" oder in Bug ließ er sich diesen nach seinem Geschmack zusammenbrauen.

Der Beginn der Arbeit an **„Undine"**, H.s bedeutendster Oper, fällt in seine letzten Bamberger Monate.

Im Hause **Lange Straße 13** wohnte die Konsulin Fanny Marc mit ihren Kindern (s.o.). Bis zum Bruch mit der Familie, 1812, ging H. hier ständig ein und aus. Einige Häuser weiter, im Wallensteinkeller, befindet sich seit Jahren eine Discothek.

Der Begriff des „reisenden Enthusiasten" wurde von H. in den „Phantasiestücken nach Callots Manier" geprägt. Es möge dem Leser überlassen bleiben, dieses Postskript bis zu gewissem Grad auch als Selbstironie des Verfassers zu deuten.

Die alte Buger Fähre

Literaturhinweise

Nachdem das Interesse an Hoffmann erheblich zugenommen hat, sind in den letzten Jahren empfehlenswerte Hoffmann-Biographien folgender Autoren erschienen:

Ulrich Helmke (1975), Verlag Wenderoth, Kassel
Klaus Günzel (1976/1979), Verlag Claassen, Düsseldorf
Wilhelm Ettelt (1981), Verlag Königshausen & Neumann, Würzburg

Hoffmanns literarisches Gesamtwerk ist wieder häufiger aufgelegt worden und sogar in preiswerten Sonderausgaben zu bekommen, die man unbedingt jedem Auswahlband vorziehen sollte. Auch seine Kompositionen erwachen aus dem unverdienten Dornröschenschlaf und sind teilweise auf Schallplatte erhältlich. Im Rahmen meiner bescheidenen Arbeit kann ich hier leider keine ausführlichere Hoffmann-Bibliographie bieten.

Was die Zusammenhänge Hoffmanns mit Bamberg betrifft, sei nachdrücklich auf die Veröffentlichungen von Dr. Wilhelm Ament (C.C. Buchners Verlag), auf die Mitteilungen der E.T.A. Hoffmann-Gesellschaft, Sitz in Bamberg, und auf den lohnenden Besuch des kleinen Museums im Hause Schillerplatz 26 hingewiesen.

Bezüglich Bambergs Kunstgeschichte, zu welcher im Laufe der Zeit eine Fülle ausgezeichneter Beiträge erschienen sind, muß ich mich auf Erwähnung des Standardwerks von Heinrich Mayer („Bamberg als Kunststadt") beschränken.

Der Bamberg-Report von Rudolf Albart („Vom Hakenkreuz zum Sternenbanner", St. Otto-Verlag Bamberg) informiert eingehend über die Stadtgeschichte in der Zeit um den zweiten Weltkrieg.

Zu den Abbildungen

Ein Teil der früheren Zeichnungen ist vor vielen Jahrzehnten in folgenden Bamberger Büchern veröffentlicht worden:

Gustav Goes:
Bamberg, deutsche Stadt der Wunder und Träume, St. Otto-Verlag 1930 (abgekürzt: Goes). Seit Urzeiten vergriffen; ein Nachdruck wäre sehr zu begrüßen!

Hans Morper (Haanzlesgörch):
Heimat im Spiegel (abgek.: HiS), Verlagshaus Meisenbach, um 1940, und Bayerische Verlagsanstalt Bamberg 1951. Vergriffen, die erweiterte Neuausgabe des Buches unter dem Titel „Lachendes Bamberg" enthält nur auf dem Buchdeckel eine der damaligen Illustrationen.

Victor Zobel:
Selige Bierreise (abgek.: SB), Verlagshaus Meisenbach, um 1942. Während der Vorarbeiten zu „Geliebtes Bamberg" ist erfreulicherweise ein Nachdruck zustande gekommen.

Einige weitere Zeichnungen sind zwar ebenfalls schon einmal abgedruckt worden, das es sich aber nur um kurzfristig aktuelle Publikationen handelte – Kalender Jubiläumsschriften, Tageszeitungen etc. – wurde in solchen Fällen auf Hinweise verzichtet.

Bildfolge

(Nummern der Farbseiten sind hervorgehoben)

Seite		Entstehungszeit
4	Blick von Südosten (vom Dach des Priesterseminars)	1951
6	Blick von West-Nordwest (vom Rinnersteig nahe Wildensorgerstraße, vgl. Bild S. 50)	1957
12	Gabelmann, Jahresgabe für den Kunstverein	1942
13	Initiale aus Verkleinerung eines skizzierten Dekorationsentwurfs der Vorkriegszeit entwickelt (Hoffmann auf dem Mond, mit Palette und Hund „Berganza")	
14	Partie am Gabelmann (Blick seit 1952 wieder verbaut)	1947
16	Baustelle im Obstmarktbereich	1951
17	Baustelle am Grünen Markt	1952
18	St. Nepomuk an der Oberen Brücke (Goes)	
19	Altes Rathaus (von Geyerswörth aus)	1963
20/21	Altes Rathaus und Blicke von dort nach beiden Seiten (Goes)	
22	Bischofsmühle und gleichnamige Brücke	um 1960
23	Brudermühle mit Geyerswörthsteg	um 1960
24	Ecke der Brudermühle	1936
25	Portal der Dominikanerkirche (Goes)	
26	Bamberger Symphoniker (hier mit J. Keilberth) im „Kulturraum" (aus ALW's umfangreicher Sammlung von Konzertskizzen)	um 1951
27	„Schlenkerla" und „Ringlein" (SB)	
28/29	Impressionen im Bereich der „Sandkerwa": Drogerie Kaiser, Ringleinsgasse (ältere Zchn.) Dominikanerstraße, Karussell am Leinritt	um 1951
30	Dom vom Katzenberg (Goes)	
31	Adamsportal des Domes	1952
32	Fürstenportal	um 1954
33	Domplatz von Osten aus (diese beiden Arbeiten sind im Original farbig, konnten aber, da die Eigentümer nicht zu erkunden waren, hier nur einfarbig erscheinen)	1954
34/35	Alumnen und Domprälaten nach dem Hochamt (Goes)	
36/37	Dächer der alten Hofhaltung (aus drei Fenstern der Residenz gemalt)	1949
38	Portal der alten Hofhaltung	1919
39	Partie in der Domgasse (Goes)	
40	Gartensaal der Residenz, daneben Konzert in historischen Kostümen	um 1955
41	Serenade im Rosengarten	um 1955
42	St. Michael (HiS) und Kreuzwegstation in der Aufseestraße (Goes)	
43	Dächerpartie vom Rosengarten der Residenz	1953
44	Portal von St. Michael Tor und Bierfässer auf der Terrasse (SB)	1957
45	Blick nach Norden von der Michelsberger Terrasse	1965
46	Alter Rothof (Goes)	
47	Blick nach Südosten vom Südhang der St. Getreustraße	1962
48	Altenburg (Goes)	
49	Blick über Wildensorg nach Südwesten	1966
50	Blick vom Rinnersteig (vgl. mit Bild S. 6: Ein Lieblingsmotiv von ALW, was sie entgegen ihrer Art, sich nicht zu wiederholen, ein zweites Mal festgehalten hat)	1962

51	Materngasse (Goes)	
52	Materngasse (HiS), Hausmadonna am Knöcklein (Goes)	
53	Blick vom Jakobsberg zur Karmelitenkirche	um 1940
54/55	außen: Plastiken im Dom	um 1920
	innen: Partien in der Domgasse	um 1957
56	St. Bernhard am alten Ebracher Hof (Goes)	
57	Blick zum Dom aus einem Fenster des jetzigen „Barockhotels" im Bach (vgl. mit nebenst. Zchn.)	1963
58	Blick zum Dom über Obere Pfarre und Kaulberg (inzwischen wieder zugebaut)	1962
59	Tutenmännchen an der Oberen Pfarre	um 1951
	Erscheinung des Gnadenbildes über den Trümmern	1946
60	Blick zum Leinritt über Kranen und altes Schlachthaus	um 1953
61	Blick über Dächer der Fischerei aus einem Fenster des ehem. Rotenhan-Palais	1951
62	Blick vom „Hochzeitshaus" über die Regnitz	um 1953
63	Der Ochse am alten Schlachthaus	um 1957
64	Blick vom Schulplatz über die „Hölle" zu St. Stephan	1956
65	Blick vom ehem. Polarbärkeller (SB)	
66	Partie am ehem. Concordiabrunnen	1920
67	Phantasie im Garten der Concordia (Goes)	
68	Herbst im Hain (Blick über den Fluß zum ob. Leinritt)	1966
69	Die Häuserzeile von Bug (Goes)	
70/71	Impressionen beim Spaziergang	um 1954
72	Obstblüte am oberen Leinritt (Original bei Drucklegung verschollen, die Reproduktion nach älterem Dia daher nicht optimal)	um 1960
73	Türme von St. Gangolf und ehem. Wirtsschild (SB)	
74	Heimweg vom Wirtshaus (HiS), Schild des Spezialbräu (SB)	
75	Bierwagen an der Siechenstraße (SB) und „Humsera" (Goes)	
76	Blick vom Weidendamm Richtung St. Otto u. Hafen	1955
	Partie hinter dem neuen Rathaus	um 1956
77	Alte Feuerwehr am Heumarkt (HiS), „Humserabrünnla" (HiS), Marktfrau mit Stand (Goes)	
78	Blick vom Obstmarkt in die Lange Straße	um 1956
	Partie im Zinkenwörth (HiS)	
79	Blick in die Habergasse mit „Elefantenhaus"	1965
80	Der alte Schillerplatz vor Hoffmanns Haus (Goes)	
82/83	Phantasie über den Dächern des Schillerplatzes mit Punsch-Reminiszenzen an Hoffmann und seine Gestalten, entstanden als Einladung zu einem Künstlerfest. In der Mitte hat sich ALW selbst verewigt, ihre Gasmaske zeigt, daß damals im Künstlervölkchen der drohende Krieg seine Schatten vorauswarf …	1939
85	Auch dieses Bild – ich wählte hier die Erstskizze – war für eine Festeinladung bestimmt. Aus der Gegenüberstellung dieser „Fantasterei" mit dem seriösen Gabelmannblatt von S. 12 konnte sich Bild- und Textfolge entwickeln.	1938
86	Bamberg im Dunst der Abendsonne, von Süden. Etwa drei Monate vor ALW's Tod im Spätherbst entstanden, ist dies ihr letztes Bild. Es wurde auch für den Schutzumschlag verwendet.	1966

◊◊◊

Nachwort

Im Interesse künftiger Generationen ist mir an möglichst umfassender Registrierung aller erhaltenen Originale gelegen. Weil die Bamberg-Motive nur einen Teilaspekt im Schaffen der Künstlerin darstellen, meine ich darüber hinaus ihr Gesamtwerk. Ich wäre daher sehr dankbar, wenn derzeitige Eigentümer über meine Bamberger Anschrift: Schützenstr. 15, D 8600 Bamberg, mit mir in Verbindung treten würden.

Zum Schluß möchte ich allen, die durch Leihgabe von Bildern dieses Buch ermöglicht haben und den vielen Freunden, ohne deren Rat, seelischen Zuspruch und tätige Mithilfe es niemals zustandegekommen wäre, im Namen meiner Mutter von ganzem Herzen danken.

Thomas Th. Löffler